يس

SURA JASIN

KRATKE SURE I DOVE

Yusami

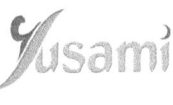

Chicago 2025

Sadržaj

Predgovor 5
Uvod 7
Sura Jâ-sîn 13
Sura El-Fīl – Slon 36
Sura Kurejš – Kurejšije 37
Sura El-Mā'ūn – Davanje u naruč 38
Sura El-Kevser – Mnogō dobro 39
Sura El-Kāfirūn – Nevjernici 40
Sura En-Nasr – Pomoć 41
Sura El-Leheb – Plamen 42
Sura El-Ihlās – Iskrenost 43
Sura El-Felek – Svitanje 44
Sura En-Nās – Ljudi 45
Jasinska dova 47
Dove 52-79

Predgovor

Bismillahir-Rahmanir-Rahim

U ime Allaha, Milostivog, Samilosnog

U ovoj knjizi se nalaze određeni dijelovi Kur'ana koji je riječ Allahova dž.š., upućena cijelom čovječanstvu da ga duhovno uzdigne i materijalno blagostoji. - *"O ljudi, već vam je stigla poruka od Gospodara vašeg i lijek za vaša srca i upustvo i milost vjernicima". (Yunus, 57)* Ova slikovita uporedba Kur'ana sa lijekom nam otkriva njegovu iscjeliteljsku moć samo ako mu, uistinu, pristupimo kao što bolesnik pristupi svome propisanom lijeku. Naime, kao što se lijek uzima tek pošto postoji svijest o bolesti i to tačno na utvrđen način u određenim dozama i u određeno vrijeme, tako se i Kur'anu treba pristupiti.

Allah dž.š. nam preporučuje njegovo stalno izučavanje i iščitavanje, jer je to, prije svega, neiscrpno vrelo mudrusti i pouka za kompletno čovjekovo življenje. *"Zaista oni koji uče Allahovu knjigu, obavljaju namaz i javno i tajno dijele od onoga što smo im Mi udijelili, nadaju se trgovini koja neće nestati..." (Fatir, 30)* A, Poslanik je potencirao danonoćno učenje Kur`ana upravo kako bilježi Bejhiki - *"Najbolji ibadet mojih sljedbenika je učenje Kur'ana."* Ili , *"Osvijetlite vaše kuće, stanove, namazom i učenjem Kur'ana"*.

Imajući u vidu da se je u ibadetu dok se uči Kur'an lijepo je uzeti abdest, biti na čistu mjestu i u čistoj odjeći, okrenuti se prema Kibli i početi sa euzubismilom. Kada se je u sjedećem položaju nije dobro ukrštati noge, biti naslonjen, niti oholo sjediti. Na taj način se iskazuje dužno poštovanje prema Kur'anu kao govoru Uzvišenog Allaha. Nemarnost i nepristojnost prilikom učenja i slušanja Kur'ana je veliki grijeh.

Buhari i Muslim bilježe hadis od Poslanika: *"Učite Kur'an dok su s njim vaša srca, a kada toga nestane prestanite"*. Sadržaj Kur'ana traži da se uči s razmišljanjem i razgovjetno a ujedno samo tako on utiče na ljudsko srce. Učenje naglas jače budi srce učača ali obavezuje prisutne na slušanje. Učenje Kur'ana gledajući u tekst je bolje, jer se tada i tijelom i dušom biva prisutan. Ashabi su smatarali izgubljenim dan ako u njemu nisu otvorili Mushaf.

Kur'an je izvor muslimanske slave i sreće, kako na ovom tako i na budućem svijetu! Uzvišeni Allah kaže: *"Mi vam Knjigu objavljujemo u kojoj je slava vaša, pa zašto se ne opametite?" (El-Enbija/10)* Onaj koji nas je stvorio poslao nam je Knjigu-uputstvo, po kojoj treba da se vladamo i živimo na dunjaluku kako bi zaslužili zadovoljstvo Uzvišenog Allaha na oba svijeta. Onaj koji nas je stvorio On najbolje zna šta je dobro za nas a šta loše, On najbolje zna šta nas može usrećiti na oba svijeta. A da bi insan mogao da živi po tom uputstvu i programu, naravno treba da to uputstvo čita, proučava i uči napamet.

U Londonu, Ramazana 1434 hidžretske godine.
Avgusta, 2013.

Imam Fahrudin Hamidović

Uvod

Bismillahir-Rahmanir-Rahim

U ime Allaha, Milostivog, Samilosnog

Hvala Allahu, Gospodaru nebesa i zemlje, na Njegovim neizmjernim blagodatima kojima nas obasipa. Kao Njegova stvorenja, koja se koriste Njegovom dobrotom i Njegovim blagodatima, počesto ne marimo za prednosti onog što imamo, već žudimo da postignemo ono što ne posjedujemo.

Neka je mir i Božiji blagoslov na posljednjeg u nizu glasnika Božijih, Poslanika Muhammeda, koji je poslat cijelom čovječanstvu da opomene i radosne vijesti prenese. Uistinu, onaj ko Islam slijedi, ispravan životni pravac je odabrao, a onaj koji je nemaran, njegovoj nemarnosti doći će kraj, i još na ovom svijetu uvidjet će da je propao.

Cijenjeni čitaoče!

Pred sobom imaš knjižicu koja je samo mali dio onog što se u Kur'anu i Sunnetu Poslanika Muhammeda a.s. nalazi. Svrha ove knjige nije da ponudi sveobuhvatne odgovore na tvoje probleme, niti da udovolji svim tvojim željama, već je njen smisao da te povede sjećanju na Allaha dž.š., da porazmisliš o svome životu i svojoj ulozi u njemu. Zašto si rođen, zbog kojeg razloga živiš, i zašto moraš umrijeti i napustiti ovaj lijepi svijet? Šta je smisao tvoga postojanja? Odgovore na ova pitanja tražili su mnogi, od drevnih grčkih filozofa, preko historičara i arheologa, do revolucionara i poznatih svjetskih mislilaca.

Suru Jasin nazivaju srcem Kur'ana, jer su u njoj sadržane neporječne istine o našem životnom putu na ovom svijetu; u njoj su odgovori na sumnje onih koji govore da je proživljenje nakon smrti nemoguće i da se sa zadnjim izdisajem okončava naše bivstovanje. Danas je suvremeni čovjek našao odgovore na veliki broj pitanja koja su ga morila u prošlosti, i danas može objasniti pojave i događaje koji su mu prije nekoliko stotina godina izgledali nadnaravnim. Ipak, neka pitanja koja su postavljali prije hiljadu godina i ona koja postavljaju danas, nisu se puno promijenila.

"i Nama navodi primjer, a zaboravlja kako je stvoren, i govori: "Ko će oživiti kosti kad budu truhle?" Reci: "Oživiće ih Onaj koji ih je prvi put stvorio; On dobro zna sve što je stvorio. Onaj koji vam iz zelenog drveća vatru stvara i vi njome potpaljujete." Zar Onaj koji je stvorio nebesa i Zemlju nije kadar stvoriti njima slične? Jeste, On sve stvara i On je Sveznajući;" Jasin, 78-81

"Doista, je li moguće oživjeti nešto što je mrtvo, istruhlo, raspadnuto i u prašinu i zemlju pretvoreno?", zapitat ćeš se, kao što se pitaju milioni drugih. Je li moguće da ću ja nakon sedamdeset ili osamdeset godina života i nakon što umrem od bolesti i starosti, da ću ponovo biti proživljen i vraćen u prethodno stanje? "To je suprotno zakonima prirode", reći ćeš. "To se kosi sa svim onim što ja znam o ovom svijetu", zaključit ćeš.

A je li to, doista tako? Da li nam priroda i svijet oko nas govore da poslije smrti nema života? Osvrni se oko sebe, i pogledaj. U suri Jasin je podstrek da se osvrneš i pogledaš na svakodnevne promjene koje možeš primjetiti, ako imaš oko za njih.

"Dokaz im je mrtva zemlja: Mi joj život dajemo i iz nje niče žito koje oni jedu; Mi po njoj stvaramo bašče, palmike i vinograde – i činimo da iz nje izvori izviru – da oni jedu plodove njihove i od onoga što ruke njihove privrijede, pa zašto neće da budu zahvalni? Jasin, 33-35

Dragi čitaoče!

Pitaš se kako je moguće iz prašine ponovo vratiti ono što je bilo, da li je moguće u istruhle kosti ponovo život udahnuti, onda se zapitaj kako je moguće da iz mrtve ispucale zemlje rastinje niče i voda izvire. Osvrni se oko sebe, pa se zapitaj, kako je Zemlja stvorena, kako je Nebo uzdignuto, kako su planine rasprostrte. Uzdiže te sposobnost tvoga promišljanja, veličina tvoga suda i smisao tvoga zaključka, a ne prelaziš uske granice svoga bivstvovanja, da se vineš u prostranstva stvorenoga, da se vratiš do malenkosti tvoga bića, i zaključiš da si ti bespomoćno biće koje samo određenom stazom hodi. "Pa niko se nije vratio sa Onog Svijeta!" uskliknut ćeš braneći se. Ipak, tvoja te staza vodi do konačnog odredišta i govori ti "niko nije bio da je ostao na Ovom Svijetu, i ti ideš samnom!" I doista, svi mi nekud idemo, sve nas nešto vuče k sebi i nijednog ne ostavlja, a mi se pretvaramo da nas nije briga misleći da ako se niko nije vratio, onda nema ničeg.

Zašto smo baš odabrali suru Jasin da objavimo u sklopu ove knjižice? Uzvišeni Allah je pojedine kur'anske sure odlikovao nad drugim surama i obećava posebnu nagradu onima koji ih uče. Takav je je slučaj sa surom Jasin, Ihlas, Fatihom i još nekim surama. Sura Jasin tradicionalno se uči pred dušu mrtvih, uz dovu Allahu dž.š. da sevabe za njeno učenje prenese osobi kojoj je nanijećena, moleći za oprost i spas umrlog. Imam Ahmed u svom *"Musnedu"* bilježi hadis o vrijednosti učenja sure Jasin u kojem stoji da je Poslanik a.s. rekao: *"Sura Jasin je srce Kur'ana. Neće je proučiti čovjek koji želi Allahovo zadovoljstvo i uspjeh na Ahiretu, a da mu Allah ne oprosti grijehe. Učite je vašim umrlima."* (Ahmed). Mada su neki učenjaci hadisa kritični prema ovom i ostalim hadisima koji su do nas doprli, a koji govore o značaju i odabranosti ove sure na spram ostalih poglavlja Kur'ana, bilo bi krajnje neodgovorno tvrditi da je učenje ove sure zabranjeno, haram, pred duše umrlih, ili nekom drugom prigodnom prilikom. Otuda, se tradicionalna islamska ulema nije nikad negativno izjašnjavala po ovom pitanju.

Sura Jasin tako danas milione muslimana širom svijeta podsjeća na smrt, na njihove umrle roditelje i rodbinu, i za mnoge to je jedina i najtanja nit koja ih veže za Islam. Česti su primjeri gdje mladi naraštaji u potpunosti zapostave svoje islamske dužnosti i imaju samo maglovitu predstavu o svojem vjerovanju u Boga, ali kad im roditelji umru, žele ih se na neki način sjetiti i moliti za njih. Stoga, smatramo da bi u takvim slučajevima bilo pohvalno podstaknuti te i takve muslimane da uče suru Jasin svojim umrlim roditeljima, da nakon sure prouče i dove za njihove duše, te isto tako porazmisle o prevodu značenja ove sure.

S tim ciljem pripremamo i donosimo ovu knjižicu muslimanima bosanskog govornog područja, da uče i čitaju Jasin svojim umrlima, i da razmišljaju o tome da će jednog dana i oni preseliti sa ovog svijeta, što bi im trebalo pojačati njihovu vjeru u Allaha dž.š. i konačan susret sa svojim Stvoriteljem.

Cijenjeni čitaoc naći će u ovoj publikaciji i transkripciju arapskog pisma na latinici. Kako je arapski jezik i njegovo pismo dosta različito od onih koji koriste muslimani bosanskog govornog područja, namjera nam je bilo arapske harfove približiti onome ko je željan da uči dove na arapskom jeziku. Time nam nije bila namjera da podstaknemo čitaoca na učenje Kur'ana na latinici, već da mu olakšamo njegove korake ka učenju i razumijevanju arapskog pisma.

Takođe, u okviru ove knjižice nalaze se izabrane dove koje bi nas trebale podstaknuti na učestalije obraćanje Uzvišenom Gospodaru, Koji nas je stvorio i Koji za sve naše probleme, potrebe, nedaće i nadanja zna. Na ovome svijetu nema osobe da se svakodnevno ne susreće sa iskušenjima, bilo na poslu, u školi, u familiji, ili široj zajednici. Ta iskušenja su sastavni dio života i bez njih, život bi bio jednoličan i dosadan. Općepoznato je da u Islamu nema posrednika između čovjeka i njegova Stvoritelja, i u svakom trenutku ljudsko biće ima priliku da se obrati svome Gospodaru za pomoć. Tako se slobodno može kazati da je cijeli ljudski život, period dove, molbe i obraćanja Allahu dž.š. Zato Kur'an nedvosmisleno poziva vjernika da dovi kako bi bio od onih koji su muršidun ili pravonapućeni. *"Kada te upitaju o Meni Moji robovi, ti im reci da sam Ja blizu, uslišavam dovu onoga koji moli, kada Me zamoli, pa nek se i oni Meni odazovu i nek Me vjeruju, ne bi li bili na pravom putu." (Kur'an, 2:186)*.

Dova je izvanredan psihološki mehlem u trenucima očaja, usamljenosti, ostavljenosti, iznevjerenosti, beznadežnosti i potrebe. Iskrenu dovu prati skrušenost tijela, skromnost duše, suznost oka i šapat jezika u samoći. *"... a Njemu se molite sa strahom i nadom; milost Allahova je doista blizu onih koji dobra djela čine." (Al-A'araf, 55-56).* Muhammed a.s. je stoga poručio: *"Divna li su oružja vjernikova: strpljenje i dova". "Dova će vam koristiti da ublažite nesreću koja vas je pogodila kao i da spremno dočekate i otrpite nesreću koja vas još nije pogodila. Zbog toga Allahovi robovi, obraćajte se Allahu dovom." "Zaista čovjeku, zbog grijeha, koji čini, može biti uskraćena nafaka. Sudbinu ne može spriječiti ništa drugo osim dove, dok život ne može ništa produžiti osim dobročinstva."*

    U ovoj knjižici naći ćete samo jedan dio dova koje smo prenijeli iz poznatog djela *Hisnul-Muslimi* ili *Zaštita Svakog Muslimana*. Smatrali smo da ovakav izbor dova, u jednoj manjoj publikaciji, će poslužiti današnjem suvremenom muslimanu, koji usred nedostatka vremena, obaveza na poslu, fakultetu i u porodici, sve manje posvjećuje pažnje svome intelektualnom i duhovnom uzdizanju, da barem jednom dnevno prođe kroz neke od ovih dova i bude u stalnom kontaktu sa svojim Stvoriteljem. Naravno, svako onaj ko želi iscrpniju zbirku dova, može se obratiti na gore spomenuto djelo i okoristiti se bogatstvom kur'ansko-sunnetskih dova i preporuka.

U Londonu, Ramazana 1434 hidžretske godine.
Avgusta, 2013.

Dr. Hazim Fazlić

بِسْمِ اللَّهِ الرَّحْمَنِ الرَّحِيمِ

Bismillâhi-r-rahmâni-r-rahîm
U ime Allaha, Milostivog, Samilosnog!

يس (1)

Jâ-sîn
Jâ-sîn

وَالْقُرْآنِ الْحَكِيمِ (2)

Ve-l-kur-âni-l-hakîm. (2)
Tako Mi Kur'ana mudrog,

إِنَّكَ لَمِنَ الْمُرْسَلِينَ (3)

Inneke le mine-l-murselîn. (3)
ti si, uistinu, poslanik,

عَلَى صِرَاطٍ مُسْتَقِيمٍ (4)

'Alâ sirâtin mustekîm. (4)
na Pravome putu,

$$\text{تَنزِيلَ الْعَزِيزِ الرَّحِيمِ (5)}$$

Tenzîle-l-'azîzi-r-rahîm. (5)
po objavi Silnoga i Samilosnoga,

$$\text{لِتُنذِرَ قَوْمًا مَّا أُنذِرَ آبَاؤُهُمْ فَهُمْ غَافِلُونَ (6)}$$

Li tunzire kavmen mâ unzire
âbâuhum fehum gâfilûn. (6)
da opominješ narod čiji preci nisu bili opominjani, pa je ravnodušan!

$$\text{لَقَدْ حَقَّ الْقَوْلُ عَلَىٰ أَكْثَرِهِمْ فَهُمْ لَا يُؤْمِنُونَ (7)}$$

Lekad hakka-l-kavlu 'alâ ekserihim
fehum lâ ju'minûn. (7)
O većini njih se već obistinila Riječ – zato oni neće vjerovati.

$$\text{إِنَّا جَعَلْنَا فِي أَعْنَاقِهِمْ أَغْلَالًا}$$
$$\text{فَهِيَ إِلَى الْأَذْقَانِ فَهُم مُّقْمَحُونَ (8)}$$

Innâ dže'alnâ fî a'nâkihim aglâlen
fe hije ile-l-ezkâni fehum mukmehûn. (8)
Mi smo učinili da budu kao oni na čije smo vratove sindžire stavili sve do podbradaka – zato su oni glava uzdignutih,

$$\text{وَجَعَلْنَا مِنْ بَيْنِ أَيْدِيهِمْ سَدًّا وَمِنْ خَلْفِهِمْ سَدًّا فَأَغْشَيْنَاهُمْ فَهُمْ لَا يُبْصِرُونَ (9)}$$

Ve dže'alnâ min bejni ejdîhim sedden ve min halfihim sedden fe agšejnâhum fe hum lâ jubsirûn. (9)

i kao oni ispred kojih i iza kojih smo pregradu metnuli i na oči im koprenu stavili – zato oni ne vide,

$$\text{وَسَوَاءٌ عَلَيْهِمْ أَأَنْذَرْتَهُمْ أَمْ لَمْ تُنْذِرْهُمْ لَا يُؤْمِنُونَ (10)}$$

Ve sevâun 'alejhim e enzertehum em lem tunzirhum lâ ju'minûn. (10)

i njima je svejedno opominjao ih ti ili ne opominjao, oni neće vjerovati.

$$\text{إِنَّمَا تُنْذِرُ مَنِ اتَّبَعَ الذِّكْرَ وَخَشِيَ الرَّحْمَنَ بِالْغَيْبِ فَبَشِّرْهُ بِمَغْفِرَةٍ وَأَجْرٍ كَرِيمٍ (11)}$$

Innemâ tunziru meni-ttebea-z-zikre ve hašije-r-rahmâne bi-l-gajbi fe bešširhu bi magfiretin ve edžrin kerîm. (11)

Tvoja opomena će koristiti samo onome koji Kur'an slijedi i Milostivoga se boji, iako Ga ne vidi; njega obraduj oprostom i nagradom lijepom!

إِنَّا نَحْنُ نُحْيِي الْمَوْتَى وَنَكْتُبُ مَا قَدَّمُوا وَآثَارَهُمْ وَكُلَّ شَيْءٍ أَحْصَيْنَاهُ فِي إِمَامٍ مُبِينٍ (12)

Innâ nahnu nuhji-l-mevtâ ve nektubu
mâ kaddemû ve âsârehum ve kulle šej-in ahsajnâhu
fî imâmin mubîn. (12)

**Mi ćemo, zaista, mrtve oživiti i Mi smo zapisali
ono što su uradili i djela koja su iza sebe ostavili;
sve smo Mi to u Knjizi jasnoj pobrojali.**

وَاضْرِبْ لَهُمْ مَثَلًا أَصْحَابَ الْقَرْيَةِ
إِذْ جَاءَهَا الْمُرْسَلُونَ (13)

Vadrib le hum meselen ashâbe-l-karjeh.
Iz džâehe-l-murselûn. (13)

**Navedi im kao pouku stanovnike jednog grada
kad su im došli poslanici;**

إِذْ أَرْسَلْنَا إِلَيْهِمُ اثْنَيْنِ فَكَذَّبُوهُمَا فَعَزَّزْنَا بِثَالِثٍ
فَقَالُوا إِنَّا إِلَيْكُمْ مُرْسَلُونَ (14)

Iz erselnâ ilejhimu-snejni fe kezzebûhuma
fe 'azeznâ bi sâlisin fe kâlû innâ ilejkum murselûn. (14)

**kad im Mi poslasmo dvojicu, ali im oni
ne povjerovaše, i pojačasmo trećim, pa rekoše:
"Mi smo vama poslani!" –**

$$\text{قَالُوا مَا أَنتُمْ إِلَّا بَشَرٌ مِّثْلُنَا وَمَا أَنزَلَ الرَّحْمَٰنُ مِن شَيْءٍ إِنْ أَنتُمْ إِلَّا تَكْذِبُونَ (15)}$$

Kâlû mâ entum illâ bešerun mislunâ ve mâ enzele-r-rahmânu min šej-in in entum illâ tekzibûn. (15)

"Vi ste ljudi kao i mi" – oni odgovoriše – "Milostivi nije objavio ništa, vi neistinu govorite!"

$$\text{قَالُوا رَبُّنَا يَعْلَمُ إِنَّا إِلَيْكُمْ لَمُرْسَلُونَ (16)}$$

Kâlû rabbunâ ja'lemu innâ ilejkum le murselûn. (16)

"Gospodar naš zna da smo, doista, vama poslani" – rekoše oni –

$$\text{وَمَا عَلَيْنَا إِلَّا الْبَلَاغُ الْمُبِينُ (17)}$$

Ve mâ 'alejnâ ille-l-belâgu-l-mubîn. (17)

"i dužni smo samo da jasno obznanimo."

$$\text{قَالُوا إِنَّا تَطَيَّرْنَا بِكُمْ لَئِن لَّمْ تَنتَهُوا لَنَرْجُمَنَّكُمْ وَلَيَمَسَّنَّكُم مِّنَّا عَذَابٌ أَلِيمٌ (18)}$$

Kâlû innâ tetajjernâ bikum le in lem tentehû le nerdžumennekum ve le jemessennekum minnâ 'azâbun elîm. (18)

Oni rekoše: "Mi slutimo da nam nesreću donosite; ako se ne okanite, kamenovaćemo vas i stići će vas, zaista, bolna patnja od nas."

$$\text{قَالُوا طَائِرُكُمْ مَعَكُمْ أَئِنْ ذُكِّرْتُمْ بَلْ أَنْتُمْ قَوْمٌ مُسْرِفُونَ (19)}$$

Kâlû tâirukum me'akum e in zukkirtum bel entum kavmun musrifûn. (19)

"Uzrok vaše nesreće je s vama!" – rekoše oni. "Zar zato što ste opomenuti? Ta vi ste narod koji svaku granicu zla prelazi."

$$\text{وَجَاءَ مِنْ أَقْصَى الْمَدِينَةِ رَجُلٌ يَسْعَى قَالَ يَا قَوْمِ اتَّبِعُوا الْمُرْسَلِينَ (20)}$$

Ve džâe min aksa-l-medîneti redžulun jes'â kâle jâ kavmi-ttebiu-l-murselîn. (20)

I s kraja grada žurno dođe jedan čovjek i reče: "O narode moj, slijedi one koji su poslani,

$$\text{اتَّبِعُوا مَنْ لَا يَسْأَلُكُمْ أَجْرًا وَهُمْ مُهْتَدُونَ (21)}$$

Ittebiû men lâ jes-elukum edžren ve hum muhtedûn. (21)

slijedite one koji od vas ne traže nikakvu nagradu, a na Pravom su putu!

$$\text{وَمَا لِيَ لَا أَعْبُدُ الَّذِي فَطَرَنِي وَإِلَيْهِ تُرْجَعُونَ (22)}$$

Ve mâ lije lâ a'budu-llezî fetarenî ve ilejhi turdže'ûn. (22)

Zašto da se ne klanjam Onome koji me je stvorio, a Njemu ćete se vratiti?

$$\text{أَأَتَّخِذُ مِنْ دُونِهِ آلِهَةً إِنْ يُرِدْنِ الرَّحْمَٰنُ بِضُرٍّ لَا تُغْنِ عَنِّي شَفَاعَتُهُمْ شَيْئًا وَلَا يُنْقِذُونِ (23)}$$

E ettehizu min dûnihi âliheten in juridni-r-rahmânu
bi durrin lâ tugni 'annî šefâ'atuhum šej-en
ve lâ junkizûn. (23)

**Zašto da prihvaćam druge bogove mimo Njega?
Ako Milostivi hoće da me snađe neko zlo, njihovo
posredovanje neće mi biti ni od kakve koristi i
oni me neće moći spasiti,**

$$\text{إِنِّي إِذًا لَفِي ضَلَالٍ مُبِينٍ (24)}$$

Innî izen le fî dalâlin mubîn. (24)

a ja bih tada bio u pravoj zabludi;

$$\text{إِنِّي آمَنْتُ بِرَبِّكُمْ فَاسْمَعُونِ (25)}$$

Innî âmentu bi rabbikum fe-sme'ûn. (25)

ja vjerujem u Gospodara vašeg, čujte mene!"

$$\text{قِيلَ ادْخُلِ الْجَنَّةَ قَالَ يَا لَيْتَ قَوْمِي يَعْلَمُونَ (26)}$$

Kîle-dhuli-l-dženneh.
Kâle jâ lejte kavmî ja'lemûn. (26)

**I reći će se: "Uđi u Džennet!" – a on će reći:
"Kamo sreće da narod moj zna**

بِمَا غَفَرَ لِي رَبِّي وَجَعَلَنِي مِنَ الْمُكْرَمِينَ (27)

Bi mâ gafere lî rabbî ve dže'alenî
mine-l-mukremîn. (27)

**zašto mi je Gospodar moj oprostio i lijep
mi prijem priredio!"**

وَمَا أَنزَلْنَا عَلَىٰ قَوْمِهِ مِنْ بَعْدِهِ مِنْ جُندٍ
مِنَ السَّمَاءِ وَمَا كُنَّا مُنزِلِينَ (28)

Ve mâ enzelnâ 'alâ kavmihî min ba'dihî min džundin
mine-s-semâi ve mâ kunnâ munzilîn. (28)

**I protiv naroda njegova, poslije njega, Mi nismo
vojsku s neba poslali, niti smo to ikada činili;**

إِنْ كَانَتْ إِلَّا صَيْحَةً وَاحِدَةً فَإِذَا هُمْ خَامِدُونَ (29)

In kânet illâ sajhaten vâhideten
fe izâ hum hâmidûn. (29)

**samo bi se čuo jedan užasan krik,
i oni bi odjednom svi pomrli.**

يَا حَسْرَةً عَلَى الْعِبَادِ مَا يَأْتِيهِمْ مِنْ رَسُولٍ
إِلَّا كَانُوا بِهِ يَسْتَهْزِئُونَ (30)

Jâ hasreten 'ale-l-'ibâdi mâ je'tîhim min resûlin
illâ kânû bihî jestehziûn. (30)

**O kako su ljudi jadni! Nijedan poslanik im nije
došao, a da mu se nisu narugali.**

أَلَمْ يَرَوْا كَمْ أَهْلَكْنَا قَبْلَهُمْ مِنَ الْقُرُونِ
أَنَّهُمْ إِلَيْهِمْ لَا يَرْجِعُونَ (31)

E lem jerev kem ehleknâ kablehum mine-l-kurûni
ennehum ilejhim lâ jerdži'ûn. (31)

Kako oni ne znaju koliko smo prije njih naroda uništili od kojih im se niko vratio nije,

وَإِنْ كُلٌّ لَمَّا جَمِيعٌ لَدَيْنَا مُحْضَرُونَ (32)

Ve in kullun lemmâ džemî'un ledejnâ muhdarûn. (32)

a svi oni biće zajedno pred Nas dovedeni.

وَآيَةٌ لَهُمُ الْأَرْضُ الْمَيْتَةُ أَحْيَيْنَاهَا
وَأَخْرَجْنَا مِنْهَا حَبًّا فَمِنْهُ يَأْكُلُونَ (33)

Ve âjetun lehumu-l-erdu-l-mejtetu ahjejnâhâ ve ahredžnâ
minhâ habben fe minhû je'kulûn. (33)

Dokaz im je mrtva zemlja: Mi joj život dajemo i iz nje niče žito koje oni jedu;

وَجَعَلْنَا فِيهَا جَنَّاتٍ مِنْ نَخِيلٍ وَأَعْنَابٍ
وَفَجَّرْنَا فِيهَا مِنَ الْعُيُونِ (34)

Ve dže'alnâ fîhâ džennâtin min nehîlin ve a'nâbin
ve fedždžernâ fîhâ mine-l-'ujûn. (34)

Mi po njoj stvaramo bašče, palmike i vinograde – i činimo da iz nje izvori izviru –

$$\text{لِيَأْكُلُوا مِنْ ثَمَرِهِ وَمَا عَمِلَتْهُ}$$
$$\text{أَيْدِيهِمْ أَفَلَا يَشْكُرُونَ (35)}$$

Li je'kulû min semerihî ve mâ 'amilethu
ejdîhim e fe lâ ješkurûn. (35)

da oni jedu plodove njihove i od onoga što ruke njihove privrijede, pa zašto neće da budu zahvalni?

$$\text{سُبْحَانَ الَّذِي خَلَقَ الْأَزْوَاجَ كُلَّهَا مِمَّا تُنْبِتُ}$$
$$\text{الْأَرْضُ وَمِنْ أَنْفُسِهِمْ وَمِمَّا لَا يَعْلَمُونَ (36)}$$

Subhâne-llezî haleka-l-ezvâdže kullehâ mimmâ
tunbitu-l-erdu ve min enfusihim ve mimmâ
la ja'lemûn. (36)

Neka je hvaljen Onaj koji u svemu stvara pol: u onome što iz zemlje niče, u njima samima, i u onome što oni ne znaju!

$$\text{وَآيَةٌ لَهُمُ اللَّيْلُ نَسْلَخُ مِنْهُ النَّهَارَ}$$
$$\text{فَإِذَا هُمْ مُظْلِمُونَ (37)}$$

Ve âjetun lehumu-l-lejlu neslehu minhu-n-nehâre
fe izâ hum muzlimûn. (37)

I noć im je dokaz: Mi uklanjamo dnevnu svjetlost i oni ostaju u mraku.

$$\text{وَالشَّمْسُ تَجْرِي لِمُسْتَقَرٍّ لَهَا ذَلِكَ تَقْدِيرُ الْعَزِيزِ الْعَلِيمِ (38)}$$

Ve-š-šemsu tedžrî li mustekarrin lehâ.
Zâlike takdîru-l-'azîzi-l-'alîm. (38)

I Sunce se kreće do svoje određene granice, to je odredba Silnoga i Sveznajućeg.

$$\text{وَالْقَمَرَ قَدَّرْنَاهُ مَنَازِلَ حَتَّى عَادَ كَالْعُرْجُونِ الْقَدِيمِ (39)}$$

Ve-l-kamere kaddernâhu menâzile
hattâ 'âde ke-l-'urdžûni-l-kadîm. (39)

I Mjesecu smo odredili položaje; i on se uvijek ponovo vraća kao stari savijeni palmin prut.

$$\text{لَا الشَّمْسُ يَنْبَغِي لَهَا أَنْ تُدْرِكَ الْقَمَرَ وَلَا اللَّيْلُ سَابِقُ النَّهَارِ وَكُلٌّ فِي فَلَكٍ يَسْبَحُونَ (40)}$$

Le-š-šemsu jenbegî lehâ en tudrike-l-kamere ve le-l-lejlu
sâbiku-n-nehâr. Ve kullun fî felekin jesbehûn. (40)

Nit' Sunce može Mjesec dostići nit' noć dan prestići, svi oni u svemiru plove.

$$\text{وَآيَةٌ لَهُمْ أَنَّا حَمَلْنَا ذُرِّيَّتَهُمْ فِي الْفُلْكِ الْمَشْحُونِ (41)}$$

Ve âjetun lehum ennâ hamelnâ zurijjetehum fi-l-fulki-l-mešhûn. (41)

Dokaz im je i to što potomke njihove u lađama krcatim prevozimo

$$\text{وَخَلَقْنَا لَهُمْ مِنْ مِثْلِهِ مَا يَرْكَبُونَ (42)}$$

Ve haleknâ lehum min mislihî mâ jerkebûn. (42)

i što za njih, slične njima, stvaramo one na kojima se voze.

$$\text{وَإِنْ نَشَأْ نُغْرِقْهُمْ فَلَا صَرِيخَ لَهُمْ وَلَا هُمْ يُنْقَذُونَ (43)}$$

Ve in neše' nugrikhum felâ sarîha le hum ve lâ hum junkazûn. (43)

I ako želimo, Mi ih potopimo, i neće im spasa biti, neće se izbaviti,

$$\text{إِلَّا رَحْمَةً مِنَّا وَمَتَاعًا إِلَى حِينٍ (44)}$$

Illâ rahmeten minnâ ve metâ'an ilâ hîn. (44)

osim ako im se ne smilujemo, da bi do roka određenog uživali.

$$\text{وَإِذَا قِيلَ لَهُمُ اتَّقُوا مَا بَيْنَ أَيْدِيكُمْ وَمَا خَلْفَكُمْ لَعَلَّكُمْ تُرْحَمُونَ (45)}$$

Ve izâ kîle lehumu-ttekû mâ bejne ejdîkum ve mâ halfekum le 'allekum turhamûn. (45)

A kad im se rekne: "Bojte se onoga što se prije vas dogodilo i onoga što vas čeka da biste pomilovani bili..."

$$\text{وَمَا تَأْتِيهِمْ مِنْ آيَةٍ مِنْ آيَاتِ رَبِّهِمْ إِلَّا كَانُوا عَنْهَا مُعْرِضِينَ (46)}$$

Ve mâ te'tîhim min âjetin min âjâti rabbihim illâ kânû 'anhâ mu'ridîn. (46)

I ne dođe im nijedan dokaz od Gospodara njihova kojem oni leđa ne okrenu.

$$\text{وَإِذَا قِيلَ لَهُمْ أَنْفِقُوا مِمَّا رَزَقَكُمُ اللَّهُ قَالَ الَّذِينَ كَفَرُوا لِلَّذِينَ آمَنُوا أَنُطْعِمُ مَنْ لَوْ يَشَاءُ اللَّهُ أَطْعَمَهُ إِنْ أَنْتُمْ إِلَّا فِي ضَلَالٍ مُبِينٍ (47)}$$

Ve izâ kîle lehum enfikû mimmâ rezakakumu-llâhu kâle-llezîne keferû lillezîne âmenû e nut'imu men lev ješâu-llâhu at'amehû in entum illâ fî dalâlin mubîn. (47)

A kad im se kaže: "Udjeljujte od onoga što vam Allah daje" – onda nevjernici govore vjernicima: "Zar da hranimo onoga koga je Allah, da je htio, mogao nahraniti? Vi ste, uistinu, u pravoj zabludi!"

$$\text{وَيَقُولُونَ مَتَى هَذَا الْوَعْدُ إِنْ كُنْتُمْ صَادِقِينَ (48)}$$

Ve jekûlûne metâ hâze-l-va'du in kuntum sâdikîn. (48)

I govore: "Kad će već jednom ta prijetnja, ako istinu govorite?"

$$\text{مَا يَنْظُرُونَ إِلَّا صَيْحَةً وَاحِدَةً تَأْخُذُهُمْ وَهُمْ يَخِصِّمُونَ (49)}$$

Mâ jenzurûne illâ sajhaten vâhideten te'huzuhum ve hum jehissimûn. (49)

A ne čekaju drugo do strašan glas koji će ih, dok se budu jedni s drugima prepirali, obuzeti,

$$\text{فَلَا يَسْتَطِيعُونَ تَوْصِيَةً وَلَا إِلَى أَهْلِهِمْ يَرْجِعُونَ (50)}$$

Fe lâ jestetî'une tevsijeten ve lâ ilâ ehlihim jerdži'ûn. (50)

pa neće moći ništa oporučiti, niti se čeljadi svojoj vratiti.

$$\text{وَنُفِخَ فِي الصُّورِ فَإِذَا هُمْ مِنَ الْأَجْدَاثِ إِلَى رَبِّهِمْ يَنْسِلُونَ (51)}$$

Ve nufiha fi-s-sûri fe izâ hum mine-l-edždâsi ilâ rabbihim jensilûn. (51)

I puhnuće se u rog, pa će oni iz grobova prema Gospodaru svome pohrliti,

قَالُوا يَا وَيْلَنَا مَنْ بَعَثَنَا مِنْ مَرْقَدِنَا هَذَا مَا وَعَدَ الرَّحْمَنُ وَصَدَقَ الْمُرْسَلُونَ (52)

Kâlû jâ vejlenâ men be'asenâ min merkadinâ. Hâzâ mâ ve'ade-r-rahmânu ve sadeka-l--murselûn. (52)

govoreći: "Teško nama! Ko nas iz naših grobova oživi?" – "Eto ostvaruje se prijetnja Milostivog, poslanici su istinu govorili!"

إِنْ كَانَتْ إِلَّا صَيْحَةً وَاحِدَةً فَإِذَا هُمْ جَمِيعٌ لَدَيْنَا مُحْضَرُونَ (53)

In kânet illâ sajhaten vâhideten fe izâ hum džemî'un ledejnâ muhdarûn. (53)

Biće to samo jedan glas i oni će se svi pred Nama obreti.

فَالْيَوْمَ لَا تُظْلَمُ نَفْسٌ شَيْئًا وَلَا تُجْزَوْنَ إِلَّا مَا كُنْتُمْ تَعْمَلُونَ (54)

Fe-l-jevme lâ tuzlemu nefsun šej-en ve lâ tudževne illâ mâ kuntum ta'melûn. (54)

Danas se neće nikome nepravda učiniti i vi ćete, prema onom kako ste radili, nagrađeni biti.

إِنَّ أَصْحَابَ الْجَنَّةِ الْيَوْمَ فِي شُغُلٍ فَاكِهُونَ (55)

Inne ashâbe-l-dženneti-l-jevme fî šugulin fâkihûn. (55)

stanovnici Dženneta uživaće toga dana u blagodatima veseli i radosni,

هُمْ وَأَزْوَاجُهُمْ فِي ظِلَالٍ عَلَى الْأَرَائِكِ مُتَّكِئُونَ (56)

Hum ve ezvâdžuhum fî zilâlin 'ale-l-erâiki mettekiûn. (56)

oni i žene njihove biće u hladovini na ukrašenim divanima naslonjeni,

لَهُمْ فِيهَا فَاكِهَةٌ وَلَهُمْ مَا يَدَّعُونَ (57)

Lehum fîha fâkihetun ve lehum mâ jedde'ûn. (57)

u njemu će imati voća, i ono što budu željeli.

سَلَامٌ قَوْلًا مِنْ رَبٍّ رَحِيمٍ (58)

Selâmun kavlen min rabbin rahîm. (58)

"Mir vama!" – biće riječi Gospodara Milostivog –

وَامْتَازُوا الْيَوْمَ أَيُّهَا الْمُجْرِمُونَ (59)

Vemtâzu-l-jevme ejjuhe-l-mudžrimûn. (59)

"a vi, o grješnici, danas se odvojite!"

أَلَمْ أَعْهَدْ إِلَيْكُمْ يَا بَنِي آدَمَ أَنْ لَا تَعْبُدُوا الشَّيْطَانَ إِنَّهُ لَكُمْ عَدُوٌّ مُبِينٌ (60)

E lem a'hed ilejkum jâ benî Âdeme en lâ ta'budu-š-šejtâne innehû lekum 'aduvvun mubîn. (60)

O sinovi Ademovi, zar vam nisam naredio: "Ne klanjajte se šejtanu, on vam je neprijatelj otvoreni,

وَأَنِ اعْبُدُونِي هَذَا صِرَاطٌ مُسْتَقِيمٌ (61)

Ve eni-'budûnî. Hâzâ sirâtun mustekîm. (61)

već se klanjajte Meni; to je Put pravi.

وَلَقَدْ أَضَلَّ مِنْكُمْ جِبِلًّا كَثِيرًا أَفَلَمْ تَكُونُوا تَعْقِلُونَ (62)

Ve lekad edalle minkum džbillen kesîrâ. E fe lem tekûnû ta'kilûn. (62)

On je mnoge od vas u zabludu odveo, kako niste pameti imali?!

هَذِهِ جَهَنَّمُ الَّتِي كُنْتُمْ تُوعَدُونَ (63)

Hâzihî džehennemu-lletî kuntum tû'adûn. (63)

Ovo je Džehennem kojim vam se prijetilo,

اصْلَوْهَا الْيَوْمَ بِمَا كُنتُمْ تَكْفُرُونَ (64)

Islevhe-l-jevme bi mâ kuntum tekfurûn. (64)
pržite se sada u njemu zato što niste vjerovali!"

الْيَوْمَ نَخْتِمُ عَلَى أَفْوَاهِهِمْ وَتُكَلِّمُنَا أَيْدِيهِمْ وَتَشْهَدُ أَرْجُلُهُم بِمَا كَانُوا يَكْسِبُونَ (65)

El-jevme nahtimu 'alâ efvâhihim ve tukellimunâ ejdîhim ve tešhedu erdžuluhum bi mâ kânû jeksibûn. (65)
Danas ćemo im usta zapečatiti, njihove ruke će Nam govoriti, a noge njihove će o onome što su radili svjedočiti.

وَلَوْ نَشَاءُ لَطَمَسْنَا عَلَى أَعْيُنِهِمْ فَاسْتَبَقُوا الصِّرَاطَ فَأَنَّى يُبْصِرُونَ (66)

Ve lev nešâu letamesnâ 'alâ a'junihim festebeku-s-sirâta fe ennâ jubsirûn. (66)
Da smo htjeli, mogli smo ih vida njihova lišiti, pa kad bi na put pošli, kako bi vidjeli?

$$\text{وَلَوْ نَشَاءُ لَمَسَخْنَاهُمْ عَلَىٰ مَكَانَتِهِمْ فَمَا اسْتَطَاعُوا مُضِيًّا وَلَا يَرْجِعُونَ (٦٧)}$$

Ve lev nešâu lemesahnâhum 'alâ mekânetihim fe mestetâ'û mudijjen ve lâ jerdži'ûn. (67)

A da smo htjeli, mogli smo ih na mjestu na kome su zgriješili u nešto pretvoriti, pa ne bi mogli nikuda otići niti se vratiti.

$$\text{وَمَنْ نُعَمِّرْهُ نُنَكِّسْهُ فِي الْخَلْقِ ۖ أَفَلَا يَعْقِلُونَ (٦٨)}$$

Ve men nu'ammirhu nunekkishu fi-l-halk. E fe lâ ja'kilûn. (68)

Onome kome dug život damo, Mi mu izgled nagore izmijenimo. Zar oni ne razumiju?

$$\text{وَمَا عَلَّمْنَاهُ الشِّعْرَ وَمَا يَنبَغِي لَهُ ۚ إِنْ هُوَ إِلَّا ذِكْرٌ وَقُرْآنٌ مُبِينٌ (٦٩)}$$

Ve mâ 'allemnâhu-š-ši're ve mâ jenbegî leh. In huve illâ zikrun ve kur-ânun mubîn. (69)

Mi poslanika nismo pjesništvu učili, to mu ne priliči. Ovo je samo pouka – Kur'an jasni,

$$\text{لِيُنْذِرَ مَنْ كَانَ حَيًّا وَيَحِقَّ الْقَوْلُ عَلَى الْكَافِرِينَ (٧٠)}$$

Li junzire men kâne hajjen ve jehikka-l-kavlu 'ale-l-kâfirîn. (70)

da opominje onoga ko ima pameti, i da zasluže kaznu nevjernici.

أَوَلَمْ يَرَوْا أَنَّا خَلَقْنَا لَهُمْ مِمَّا عَمِلَتْ أَيْدِينَا أَنْعَامًا فَهُمْ لَهَا مَالِكُونَ (71)

E ve lem jerev ennâ haleknâ lehum mimmâ 'amilet ejdînâ en'âmen fe hum lehâ mâlikûn. (71)

Kako oni ne vide da Mi samo zbog njih stoku stvaramo i da oni njome raspolažu kao vlasnici

وَذَلَّلْنَاهَا لَهُمْ فَمِنْهَا رَكُوبُهُمْ وَمِنْهَا يَأْكُلُونَ (72)

Ve zellelnâhâ le hum fe minhâ rekûbuhum ve minhâ je'kulûn. (72)

i da smo im dali da se njome služe – na nekim jašu, a nekima se hrane,

وَلَهُمْ فِيهَا مَنَافِعُ وَمَشَارِبُ أَفَلَا يَشْكُرُونَ (73)

Ve le hum fîhâ menâfi'u ve mešârib. E fe lâ ješkurûn. (73)

i drugih koristi od nje imaju, i mlijeko, pa zašto nisu zahvalni,

وَاتَّخَذُوا مِنْ دُونِ اللَّهِ آلِهَةً لَعَلَّهُمْ يُنْصَرُونَ (74)

Ve-ttehazû min dûni-llâhi âliheten le 'allehum junsarûn. (74)

već pored Allaha druge bogove prihvaćaju u nadi da će im oni na pomoći biti;

لَا يَسْتَطِيعُونَ نَصْرَهُمْ وَهُمْ لَهُمْ جُندٌ مُحْضَرُونَ (75)

Lâ jestetî'ûne nasrehum ve hum
le hum džundun muhdarûn. (75)

oni im, međutim, neće moći pomoći, a oni su njima poslušna vojska.

فَلَا يَحْزُنْكَ قَوْلُهُمْ إِنَّا نَعْلَمُ مَا يُسِرُّونَ وَمَا يُعْلِنُونَ (76)

Fe lâ jahzunke kavluhum.
Innâ na'lemu mâ jusirrûne ve mâ ju'linûn. (76)

I nek te ne žaloste riječi njihove; Mi, doista, znamo i ono što kriju i ono što pokazuju.

أَوَلَمْ يَرَ الْإِنْسَانُ أَنَّا خَلَقْنَاهُ مِنْ نُطْفَةٍ فَإِذَا هُوَ خَصِيمٌ مُبِينٌ (77)

E ve lem jere-l-insânu ennâ haleknâhu min nutfetin
fe izâ huve hasîmun mubîn. (77)

Kako čovjek ne vidi da ga Mi od kapi sjemena stvaramo, i opet je otvoreni protivnik,

وَضَرَبَ لَنَا مَثَلًا وَنَسِيَ خَلْقَهُ قَالَ مَنْ يُحْيِي الْعِظَامَ وَهِيَ رَمِيمٌ (78)

Ve darebe lenâ meselen ve nesije halkah. Kâle men juhji-l-'izâme ve hije remîm. (78)

i Nama navodi primjer, a zaboravlja kako je stvoren, i govori: "Ko će oživiti kosti kad budu truhle?"

قُلْ يُحْيِيهَا الَّذِي أَنْشَأَهَا أَوَّلَ مَرَّةٍ وَهُوَ بِكُلِّ خَلْقٍ عَلِيمٌ (79)

Kul juhjîhe-llezî enše-ehâ evvele merreh. Ve huve bi kulli halkin 'alîm. (79)

Reci: "Oživiće ih Onaj koji ih je prvi put stvorio; On dobro zna sve što je stvorio,

الَّذِي جَعَلَ لَكُمْ مِنَ الشَّجَرِ الْأَخْضَرِ نَارًا فَإِذَا أَنْتُمْ مِنْهُ تُوقِدُونَ (80)

Ellezî dže'ale lekum mine-š-šedžeri-l-ahdari nâren fe izâ entum minhu tûkidûn. (80)

Onaj koji vam iz zelenog drveća vatru stvara i vi njome potpaljujete."

أَوَلَيْسَ الَّذِي خَلَقَ السَّمَاوَاتِ وَالْأَرْضَ بِقَادِرٍ عَلَى أَنْ يَخْلُقَ مِثْلَهُمْ بَلَى وَهُوَ الْخَلَّاقُ الْعَلِيمُ (81)

E ve lejse-llezî haleka-s-semâvâti ve-l-erda
bi kâdirin 'alâ en jahluka mislehum.
Belâ ve huve-l-hallâku-l-'alîm. (81)

**Zar Onaj koji je stvorio nebesa i Zemlju
nije kadar stvoriti njima slične? Jeste,
On sve stvara i On je Sveznajući;**

إِنَّمَا أَمْرُهُ إِذَا أَرَادَ شَيْئًا أَنْ يَقُولَ لَهُ كُنْ فَيَكُونُ (82)

Innemâ emruhû izâ erâde šej-en
en jekûle lehû kun fe jekûn. (82)

**kada nešto hoće, On samo za to rekne:
"Budi!" – i ono bude.**

فَسُبْحَانَ الَّذِي بِيَدِهِ مَلَكُوتُ كُلِّ شَيْءٍ وَإِلَيْهِ تُرْجَعُونَ (83)

Fe subhâne-llezî bijedihî melekûtu
kulli šej-in ve ilejhi turdže'ûn. (83)

**Pa neka je hvaljen Onaj u čijoj je ruci vlast nad svim,
Njemu ćete se vratiti!**

سورة الفيل

بِسْمِ اللَّهِ الرَّحْمَنِ الرَّحِيمِ

أَلَمْ تَرَ كَيْفَ فَعَلَ رَبُّكَ بِأَصْحَابِ الْفِيلِ ﴿1﴾ أَلَمْ يَجْعَلْ كَيْدَهُمْ فِي تَضْلِيلٍ ﴿2﴾ وَأَرْسَلَ عَلَيْهِمْ طَيْرًا أَبَابِيلَ ﴿3﴾ تَرْمِيهِمْ بِحِجَارَةٍ مِنْ سِجِّيلٍ ﴿4﴾ فَجَعَلَهُمْ كَعَصْفٍ مَأْكُولٍ ﴿5﴾

Bismi-l-lahi-r-rahmani-r-rahim.

Elem tere kejfe feale Rabbuke bi ashabil-fil
Elem jedž'al kejdehum fi tadlil
Ve ersele alejhim tajren ebabil
Termihim bihidžaretin min sidždžil
Fe džealehum ke asfim me'kul

El-Fīl – Slon
(Mekka – 5 ajeta)

U ime Allaha, Milostivog, Samilosnog!

1. Zar nisi čuo šta je sa vlasnicima slona Gospodar tvoj uradio!
2. Zar lukavstvo njihovo nije omeo
3. i protiv njih jata ptica poslao,
4. Koje su na njih grumenje od gline pečene bacale,
5. pa ih On kao lišće koje su crvi istočili učinio?

سورة قريش

بِسْمِ اللَّهِ الرَّحْمَنِ الرَّحِيمِ

لِإِيلَافِ قُرَيْشٍ ﴿1﴾ إِيلَافِهِمْ رِحْلَةَ الشِّتَاءِ وَالصَّيْفِ ﴿2﴾ فَلْيَعْبُدُوا رَبَّ هَذَا الْبَيْتِ ﴿3﴾ الَّذِي أَطْعَمَهُمْ مِنْ جُوعٍ وَآمَنَهُمْ مِنْ خَوْفٍ ﴿4﴾

Bismi-l-lahi-r-rahmani-r-rahim.

Li ilafi Kurejš
Ilafihim rihleteššitai vessaif
Fel ja'abudu Rabbe hazel bejt
Ellezi at'amehum
Min džu'in ve amene hum min hauf

Kurejš – Kurejšije
(Mekka – 4 ajeta)

U ime Allaha, Milostivog, Samilosnog!

1. Zbog navike Kurejšija,
2. navike njihove da zimi i ljeti putuju,
3. neka se oni Gospodaru hrama ovoga klanjaju,
4. koji ih gladne hrani i od straha brani.

سورة الماعون

بِسْمِ اللَّهِ الرَّحْمَنِ الرَّحِيمِ

أَرَأَيْتَ الَّذِي يُكَذِّبُ بِالدِّينِ ﴿1﴾ فَذَلِكَ الَّذِي يَدُعُّ الْيَتِيمَ ﴿2﴾ وَلَا يَحُضُّ عَلَى طَعَامِ الْمِسْكِينِ ﴿3﴾ فَوَيْلٌ لِلْمُصَلِّينَ ﴿4﴾ الَّذِينَ هُمْ عَنْ صَلَاتِهِمْ سَاهُونَ ﴿5﴾ الَّذِينَ هُمْ يُرَاؤُونَ ﴿6﴾ وَيَمْنَعُونَ الْمَاعُونَ ﴿7﴾

Bismi-l-lahi-r-rahmani-r-rahim.

Ere ejtellezi jukezzibu bid-din
Fe zalikel-lezi jedu'ul-jetim
Ve la jehuddu ala ta amil miskin
Fe vejlul lil musallin
Ellezine hum an salatihim sahun
Ellezine hum jura une ve jemne unel-maun

El-Mā'ūn – Davanje u naruč
(Mekka – 7 ajeta)
U ime Allaha, Milostivog, Samilosnog!

1. Znaš li ti onoga koji onaj svijet poriče?
2. Pa to je onaj koji grubo odbija siroče,
3. i koji da se nahrani siromah – ne podstiče.
4. A teško onima koji, kada molitvu obavljaju,
5. molitvu svoju kako treba ne izvršavaju,
6. koji se samo pretvaraju
7. i nikome ništa ni u naruč ne daju!

سورة الكوثر

بِسْمِ اللَّهِ الرَّحْمَنِ الرَّحِيمِ

إِنَّا أَعْطَيْنَاكَ الْكَوْثَرَ (1) فَصَلِّ لِرَبِّكَ وَانْحَرْ (2) إِنَّ شَانِئَكَ هُوَ الْأَبْتَرُ (3)

Bismi-l-lahi-r-rahmani-r-rahim.

Inna eatajna kel kevser,
fe salli li Rabbike venhar.
Inne šani eke huvel ebter

El-Kevser – Mnogō dobro
(Mekka – 3 ajeta)
U ime Allaha, Milostivog, Samilosnog!

1. Mi smo ti, uistinu, mnogō dobro dali,
2. zato se Gospodaru svome moli i kurban kolji,
3. onaj koji tebe mrzi sigurno će on bez spomena ostati.

سورة الكافرون

بِسْمِ اللَّهِ الرَّحْمَنِ الرَّحِيمِ

قُلْ يَا أَيُّهَا الْكَافِرُونَ (1) لَا أَعْبُدُ مَا تَعْبُدُونَ (2) وَلَا أَنْتُمْ عَابِدُونَ مَا أَعْبُدُ (3) وَلَا أَنَا عَابِدٌ مَا عَبَدْتُمْ (4) وَلَا أَنْتُمْ عَابِدُونَ مَا أَعْبُدُ (5) لَكُمْ دِينُكُمْ وَلِيَ دِينِ (6)

Bismi-l-lahi-r-rahmani-r-rahim.

Kul: ja ejju-hel-kafirun.
La 'abudu ma t'abudun,
ve la entum abidune ma a'bud,
ve-la ene abidun ma abedtum,
ve-la entum abidune ma e'abud.
Lekum dinukum ve-lije din.

El-Kāfirūn – Nevjernici
(Mekka – 6 ajeta)
U ime Allaha, Milostivog, Samilosnog!

1. Reci: "O vi nevjernici,
2. ja se neću klanjati onima kojima se vi klanjate,
3. a ni vi se nećete klanjati Onome kome se ja klanjam;
4. ja se nisam klanjao onima kojima ste se vi klanjali,
5. a i vi se niste klanjali Onome kome se ja klanjam,
6. vama – vaša vjera, a meni – moja!"

سورة النصر

بِسْمِ اللَّهِ الرَّحْمَنِ الرَّحِيمِ

إِذَا جَاءَ نَصْرُ اللَّهِ وَالْفَتْحُ ﴿1﴾ وَرَأَيْتَ النَّاسَ يَدْخُلُونَ فِي دِينِ اللَّهِ أَفْوَاجًا ﴿2﴾ فَسَبِّحْ بِحَمْدِ رَبِّكَ وَاسْتَغْفِرْهُ إِنَّهُ كَانَ تَوَّابًا ﴿3﴾

Bismi-l-lahi-r-rahmani-r-rahim.

Iza džae nasrullahi vel-feth.
Ve re-ejtennase jed-hulune fidinillahi ef vadža.
Fe sebbih bihamdi Rabbike ves-tag-firh.
Innehu kane tevvaba.

En-Nasr – Pomoć
(Medina – 3 ajeta)
U ime Allaha, Milostivog, Samilosnog!
1. Kada Allahova pomoć i pobjeda dođu,
2. i vidiš ljude kako u skupinama u Allahovu vjeru ulaze –
3. ti veličaj Gospodara svoga hvaleći Ga i moli Ga da ti oprosti, On je uvijek pokajanje primao.

سورة المسد

بِسْمِ اللَّهِ الرَّحْمَنِ الرَّحِيمِ

تَبَّتْ يَدَا أَبِي لَهَبٍ وَتَبَّ (1) مَا أَغْنَى عَنْهُ مَالُهُ وَمَا كَسَبَ (2) سَيَصْلَى نَارًا ذَاتَ لَهَبٍ (3) وَامْرَأَتُهُ حَمَّالَةَ الْحَطَبِ (4) فِي جِيدِهَا حَبْلٌ مِنْ مَسَدٍ (5)

Bismi-l-lahi-r-rahmani-r-rahim.

Tebbet jeda Ebi-Lehebin ve tebbe.
Ma agna anhu maluhu ve ma keseb.
Sejasla naren zate-Leheb.
Vemre-etuhu hammaletel - hatab.
Fi džidiha hablum mim-mesed.

El-Leheb – Plamen
(Mekka – 5 ajeta)
U ime Allaha, Milostivog, Samilosnog!

1. **Neka propadne Ebu Leheb, i propao je!**
2. **Neće mu biti od koristi blago njegovo, a ni ono što je stekao,**
3. **ući će on, sigurno, u vatru rasplamsalu,**
4. **i žena njegova, koja spletkari;**
5. **o vratu njenu biće uže od ličine usukane!**

سورة الإخلاص

بِسْمِ اللَّهِ الرَّحْمَنِ الرَّحِيمِ

قُلْ هُوَ اللَّهُ أَحَدٌ ﴿1﴾ اللَّهُ الصَّمَدُ ﴿2﴾ لَمْ يَلِدْ وَلَمْ يُولَدْ ﴿3﴾ وَلَمْ يَكُنْ لَهُ كُفُوًا أَحَدٌ ﴿4﴾

Bismi-l-lahi-r-rahmani-r-rahim.

Kul-HuvalLahu ehad.
Allahus-Samed.
Lem-jelid, ve lem juled,
ve lem jekullehu kufuven ehad.

**El-Ihlās – Iskrenost
(Mekka – 4 ajeta)
U ime Allaha, Milostivog, Samilosnog!**

1. Reci: "On je Allah – Jedan!
2. Allah je Utočište svakom!
3. Nije rodio i rođen nije,
4. i niko Mu ravan nije!"

سورة الفلق

بِسْمِ اللَّهِ الرَّحْمَنِ الرَّحِيمِ
قُلْ أَعُوذُ بِرَبِّ الْفَلَقِ ﴿1﴾ مِنْ شَرِّ مَا خَلَقَ ﴿2﴾
وَمِنْ شَرِّ غَاسِقٍ إِذَا وَقَبَ ﴿3﴾ وَمِنْ شَرِّ
النَّفَّاثَاتِ فِي الْعُقَدِ ﴿4﴾ وَمِنْ شَرِّ حَاسِدٍ إِذَا
حَسَدَ ﴿5﴾

Bismi-l-lahi-r-rahmani-r-rahim.

Kul euzu bi Rabbil-felek.
Min šerri ma halek.
Ve min šerri gasikin iza vekab.
Ve min šerrin-neffasati fil-ukad.
Ve min šerri hasidin iza hased.

El-Felek – Svitanje
(Mekka – 5 ajeta)
U ime Allaha, Milostivog, Samilosnog!

1. Reci: "Utječem se Gospodaru svitanja
2. od zla onoga što On stvara,
3. i od zla mrkle noći kada razastre tmine,
4. i od zla smutljivca kad smutnje sije,
5. i od zla zavidljivca kad zavist ne krije!"

سورة الناس

بِسْمِ اللَّهِ الرَّحْمَنِ الرَّحِيمِ

قُلْ أَعُوذُ بِرَبِّ النَّاسِ ﴿1﴾ مَلِكِ النَّاسِ ﴿2﴾ إِلَهِ النَّاسِ ﴿3﴾ مِنْ شَرِّ الْوَسْوَاسِ الْخَنَّاسِ ﴿4﴾ الَّذِي يُوَسْوِسُ فِي صُدُورِ النَّاسِ ﴿5﴾ مِنَ الْجِنَّةِ وَالنَّاسِ ﴿6﴾

Bismi-l-lahi-r-rahmani-r-rahim.

Kul euzu bi Rabbin-nas. Melikin-nas.
Ilahin-nas. Min šerril-vesvasil-hannas.
Ellezi juvesvisu fi sudurin-nas.
Minel-džinneti ven-nas.

**En-Nās – Ljudi
(Mekka – 6 ajeta)
U ime Allaha, Milostivog, Samilosnog!**

**1. Reci: "Tražim zaštitu Gospodara ljudi,
2. Vladara ljudi,
3. Boga ljudi,
4. od zla šejtana-napasnika,
5. koji zle misli unosi u srca ljudi –
6. od džina i od ljudi!"**

أَعُوذُ بِاللهِ مِنَ الشَّيْطَانِ الرَّجِيمِ

بِسْمِ اللهِ الرَّحْمَنِ الرَّحِيمِ

اَلْحَمْدُ للهِ الَّذِي دَعَانَا لِلْإِيمَانِ وَهَدَانَا بِالْقُرْآنِ

وَأَجَابَ دَعْوَتَنَا بِالْفَضْلِ وَالْإِحْسَانِ اَللَّهُمَّ رَبَّنَا تَقَبَّلْ

مِنَّا اِنَّكَ أَنْتَ السَّمِيعُ الْعَلِيمُ وَتُبْ عَلَيْنَا يَا مَوْلَانَا

اِنَّكَ أَنْتَ التَّوَّابُ الرَّحِيمُ وَاهْدِنَا وَوَفِّقْنَا إِلَى الْحَقِّ

وَإِلَى الطَّرِيقِ الْمُسْتَقِيمِ بِبَرَكَاتِ الْقُرْآنِ الْعَظِيمِ

وَأَعْفُو عَنَّا يَا كَرِيمُ وَأَعْفُو عَنَّا يَا رَحِيمُ

وَاغْفِرْ لَنَا ذُنُوبَنَا بِفَضْلِكَ وَجُودِكَ وَكَرَمِكَ

يَا أَكْرَمَ الْأَكْرَمِينَ وَيَا أَرْحَمَ الرَّاحِمِينَ

اَللَّهُمَّ اجْعَلْ الْقُرْآنَ لَنَا فِي الدُّنْيَا قَرِينًا

وَفِي الْقَبْرِ مُونِساً وَفِي الْقِيَامَةِ شَفِيعاً وَفِي الصِّرَاطِ

نُورًا وَفِي الْجَنَّةِ رَفِيقاً وَمِنَ النَّارِ سِتْراً وَحِجَاباً

وَإِلَى الْخَيْرَاتِ كُلِّهَا دَالًّا وَإِمَامًا بِفَضْلِكَ

E'uzu billahi mineš-šejtanir-radžim –

Bismillahir-rahmanir-rahim

Elhamdu lillahil-lezi de'ana lil-iman. Ve hedana bil-Kur'ani ve edžabe da'vetena bilfadli vel-ihsan. Allahumme Rabbena tekabbel minna, inneke Entes-Semi'ul-Alim. Ve tub alejna ja Mevlana, inneke Entet-Tevvabur-Rahim. Vehdina ve veffikna ilel-hakki ve ilet-tarikil-mustekim, bi bereketil-Kur'anil-azim. Va'fu anna, ja Kerim. Va'fu anna, ja Rahim. Vagfir lena zunubena bi fadlike ve džudike ve keremike, ja Ekremelekremine, ve ja Erhamer-rahimin. Allahummedž'alil-Kur'ane lena fid-dun-ja karinen ve fil-kabri munisen ve fil-kijameti šefi'an ve ales-sirati nuren ve ilel-džnneti refikan ve minen-nari sitren ve hidžaben ve ilel-hajrati kulliha delllen ve imamen bi fadlike

وَجُودِكَ وَكَرَمِكَ يَا أَكْرَمَ الْأَكْرَمِينَ وَيَا أَرْحَمَ
الرَّاحِمِينَ اَللَّهُمَّ انْفَعْنَا وَارْفَعْنَا بِالْقُرْآنِ الْعَظِيمِ
وَاجْعَلْهُ لَنَا إِمَاماً وَنُوراً وَهُدًى وَرَحْمَةً
اَللَّهُمَّ ذَكِّرْنَا مِنْهُ مَا نَسِينَا وَعَلِّمْنَا مِنْهُ مَا جَهِلْنَا
وَارْزُقْنَا تِلَاوَتَهُ اَنَاءَ اللَّيْلِ وَاَطْرَافَ النَّهَارِ
وَاجْعَلْهُ لَنَا هِدَايَةً يَا رَبَّ الْعَالَمِينَ
اَللَّهُمَّ بَلِّغْ مِثْلَ ثَوَابَ وَنُورَ مَا قَرَأْنَاهُ هَدِيَّةً
إِلَى رُوحِ سَيِّدِنَا مُحَمَّدٍ صَلَّى اللهُ عَلَيْهِ وَسَلَّمَ
وَآلِهِ وَ أَوْلَادِهِ وَاَزْوَاجِهِ وَأَصْحَابِهِ وَاَتْبَاعِهِ
رِضْوَانُ اللهِ عَلَيْهِمْ جَمِيعاً وَإِلَى أَرْوَاحِ
جَمِيعِ الْمُؤْمِنِينَ وَالْمُؤْمِنَاتِ وَالْمُسْلِمِينَ
وَالْمُسْلِمَاتِ اَلْأَحْيَاءِ مِنْهُمْ وَالْأَمْوَاتِ
وَخَاصَّةً إِلَى رُوحِ

(   )

رَحْمَةُ اللهِ عَلَيْهِمْ أَجْمَعِينَ

ve džudike ve keremike, ja Ekremelekremine ve ja Erhamer-rahimin.

Allahummenfa'na verfa'na bil-Kur'anil-azimi vedž'alhu lena imamen ve nuren ve huden ve rahmeh.

Allahumme zekkirna minhu ma nesina ve allemna minhu ma džehilna verzukna tilavetehu ana' el-lejli ve atrafen-nehari vedž'alhu lena hudždžeten, ja Rabbel-alemin.

Allahumme bellig misle sevabi ma kare'nahu ve nuri ma televnahu hedijjeten vasileten ila ruhi nebijjina Muhammedin, sallallahu alejhi ve selleme, ve ila ervahi alihi ve evladihi ve ezvadžihi ve ashabihi ve etba'ihi ridvanullahi te'ala alejhim edžme'in. Veila ervahi džemi'ilmu'minine vel-mu'minati vel-muslimine velmuslimati, el-ahja'i minhum vel-emvati,

ve hassaten ila ruhi

(navesti ime),

rahmetullahi alejhim edžme'in.

اَللّٰهُمَّ اغْفِرْ وَارْحَمْ وَتَجَاوَزْ عَنْ السَّيِّئَاتِ
اِنَّكَ أَنْتَ الْأَعَزُّ الْأَكْرَمُ سُبْحَانَ رَبِّكَ رَبِّ الْعِزَّةِ
عَمَّا يَصِفُونَ وَسَلَامٌ عَلَى الْمُرْسَلِينَ
وَالْحَمْدُ لِلّٰهِ رَبِّ الْعَالَمِينَ

اَلْفَاتِحَةُ

Allahummagfir verham ve tedžavez an sejji'atihi, inneke Entel-e'azzul-ekrem.
Subhane Rabbike Rabbil-izzeti amma jesifun. Ve selamun alel-murselin. Vel-hamdu lillahi Rabbil-alemin.

(El-Fatiha)

Utječem se Allahu od prokletog šejtana
U ime Allaha, Milostivog, Samilosnog

Hvala Allahu koji nam je podario iman i Kur'anom nas uputio, Onome Koji se na naše dove odaziva, iz dobrote Svoje. Allahu, primi od nas, Ti uistinu sve čuješ i znaš. I oprosti nam grijehe naše, Gospodaru naš, a ti uistinu grijehe praštaš i Ti si milostiv. Uputi nas na put Istine i Put pravi, bereketom Kur'ana Velikoga. Oprosti nam, o Milostivi! Oprosti nam grijehe naše iz milosti Tvoje, veličanstva Tvoga, dobrote Tvoje i plemenitosti, o Najplemenitiji, o Najmilostiviji.
Allahu, učini Kur'an našim pratiocem na dunjaluku, drugom u kaburu, zagovornikom na Sudnjem danu, svjetlom na Pravome putu, drugom u Džennetu, zastorom i štitom od Vatre i onim koji će nas poticati na činjenje dobra, iz dobrote Tvoje i plemenitosti, o Najplemenitiji, o Najmilostiviji. Allahu, učini da se okoristimo Kur'anom i da se njime stepen naš poveća, učini da nam on bude vođa, svjetlo, uputa i milost. Allahu, podsjeti nas njime kada zaboravimo, poduči nas njime kada znali ne budemo i podari nam da ga učimo i noću i danju i dokazom ga za nas učini, o Gospodaru svih svjetova.
Allahu, podari svjetlost i sevabe poput sevaba naših za učenje Knjige Tvoje našem Poslaniku, s.a.v.s., njegovoj porodici, djeci, ženama, ashabima i tabi'inima, neka je Allah njima zadovoljan. I podari sevabe dušama svih vjernika i vjernica, muslimana i muslimanki, i živih i umrlih, a naročito pred dušu toga i toga (navesti ime) neka je milost Tvoja na sve njih. Allahu, oprosti mu i smiluj se, a ružna djela njegova Ti pobriši. Ti si uistinu Silni i Plemeniti.
Veličanstven je Gospodar tvoj, Dostojanstveni, i daleko od onoga kako ga predstavljaju oni! I mir poslanicima i hvaljen neka je Allah, Gospodar svjetova!

(El-Fatiha)

Dova 1 – Dova protiv fitneluka ovog i budućeg svijeta
(Obično se uči nakon posljednjeg sjedenja u namazu, a prije predavanja selama)

اللَّهُمَّ إِنِّي أَعُوذُ بِكَ مِنْ عَذَابِ الْقَبْرِ، وَأَعُوذُ بِكَ مِنْ فِتْنَةِ الْمَسِيحِ الدَّجَّالِ، وَأَعُوذُ بِكَ مِنْ فِتْنَةِ الْمَحْيَا وَالْمَمَاتِ، اللَّهُمَّ إِنِّي أَعُوذُ بِكَ مِنَ الْمَأْثَمِ وَالْمَغْرَمِ

"Allahumme inni e'uzu bike min'azabi-l-kabri ve e'uzu bike min fitneti-l-Mesihi-d-dždžali, ve e'uzu bike min fitneti-l-mahja ve-l-memati. Allahumme inni e'uzu bike mine-l-me'semi ve-l-magremi"

**Allahu, sklanjam se u okrilje Tvoje pred kaburskom kaznom i pred fitnelukom Mesiha Dedžala, te pred fitnelukom ovog i budućeg svijeta.
Allahu, utječem Ti se od grijeha i zla (nesreće).**

Dova 2 – Dova za oprost od grijeha (Obično se uči nakon posljednjeg sjedenja u namazu, a prije predavanja selama)

اللَّهُمَّ إِنِّي ظَلَمْتُ نَفْسِي ظُلْمًا كَثِيرًا، وَلاَ يَغْفِرُ الذُّنُوبَ إِلاَّ أَنْتَ، فَاغْفِرْ لِي مَغْفِرَةً مِنْ عِنْدِكَ وَارْحَمْنِي إِنَّكَ أَنْتَ الْغَفُورُ الرَّحِيمُ

"Allahumme inni zalemtu nefsi zulmen kesiren ve la jagfiru-z-zunube illa Ente, fa-gfir li magfireten min'indike, ve-rhamni inneke Ente-l-gafuru-r-rahim"

Allahu, doista sam sebi počinio nasilje mnogo, a grijehe ne oprašta niko drugi do Ti. Zato, oprost mi Svoj pokloni i smiluj mi Se! Doista, jedino si Ti Oprostitelj Milostivi.

Dova 3 – Dova za oprost od grijeha
(Obično se uči nakon posljednjeg sjedenja u namazu, a prije predavanja selama)

اللَّهُمَّ اغْفِرْ لِي مَا قَدَّمْتُ، وَمَا أَخَّرْتُ، وَمَا أَسْرَرْتُ، وَمَا أَعْلَنْتُ، وَمَا أَسْرَفْتُ، وَمَا أَنْتَ أَعْلَمُ بِهِ مِنِّي، أَنْتَ الْمُقَدِّمُ وَأَنْتَ الْمُؤَخِّرُ لاَ إِلَهَ إِلاَّ أَنْتَ

"Allahumma-gfir li ma kaddemtu ve ma ehhartu, ve ma esrertu ve ma e'alentu, ve ma esreftu ve ma Ente e'a lemu bihi minni. Ente-l-mukaddimu ve Ente-l-muehhiru, la ilahe illa Ente"

Allahu, oprosti mi moje ranije grijehe i kasnije, one što počinih potajno i na javi, one u kojima nisam mjere imao kao i one o kojima Ti znaš bolje od mene. Ti si Prvi i Posljednji. Nema boga mimo Tebe!

Dova 4 – Dova za istrajnost u Islamu
(Obično se uči nakon posljednjeg sjedenja u namazu, a prije predavanja selama)

اللَّهُمَّ أَعِنِّيْ عَلَى ذِكْرِكَ، وَشُكْرِكَ، وَحُسْنِ عِبَادَتِكَ

"Allahumme e'ini'ala zikrike ve šukrike ve husni'ibadetike"

Allahu, pomozi mi da istrajem u sjećanju na Tebe, i u zahvalnosti prema Tebi, te u pokornosti prema Tebi.

Dova 5 – Dova protiv zabrinutosti i žalosti

اللَّهُمَّ إِنِّي أَعُوذُ بِكَ مِنَ الْبُخْلِ، وَأَعُوذُ بِكَ مِنَ الْجُبْنِ، وَأَعُوذُ بِكَ مِنْ أَنْ أُرَدَّ إِلَى أَرْذَلِ العُمْرِ، وَأَعُوذُ بِكَ مِنْ فِتْنَةِ الدُّنْيَا وَعَذَابِ الْقَبْرِ

"Allahumme inni e'uzu bike mine-l-buhli ve e'uzu bike mine-l-džubni, ve e'uzu bike min en ureddu ila erzeli-l-'umuri ve e'uzu bike min fitneti-d-dunja ve 'azabi-l-kabri"

Allahu, u Tvoje se okrilje sklanjam pred tvrdičlukom i plašljivošću, te pred pretjeranom starosti. Prizivam Te protiv fitneluka dunjalučkog i kazne kaburske!

Dova 6 – Dova kojom se traži Džennet
(Obično se uči nakon posljednjeg sjedenja u namazu, a prije predavanja selama)

اللَّهُمَّ إِنِّي أَسْأَلُكَ الْجَنَّةَ وَأَعُوذُ بِكَ مِنَ النَّارِ

"Allahumme inni es eluke-l-džennete ve e'uzu bike mine-n-nari"

Allahu, podari mi Džennet, a skloni od vatre džehenemske.

Dova 7 – Dova za dobro ovog i budućeg svijeta
(Obično se uči nakon posljednjeg sjedenja u namazu, a prije predavanja selama)

اللَّهُمَّ بِعِلْمِكَ الغَيْبَ، وَقُدْرَتِكَ عَلَى الْخَلْقِ أَحْيِنِيْ مَا عَلِمْتَ الْحَيَاةَ خَيْراً لِي، وَتَوَفَّنِيْ إِذَا عَلِمْتَ الْوَفَاةَ خَيْراً لِي، اللَّهُمَّ إِنِّي أَسْأَلُكَ خَشْيَتَكَ فِي الْغَيْبِ وَالشَّهَادَةِ، وَأَسْأَلُكَ كَلِمَةَ الْحَقِّ فِي الرِّضَا وَالْغَضَبِ، وَأَسْأَلُكَ الْقَصْدَ فِي الْغِنَى وَالْفَقْرِ، وَأَسْأَلُكَ نَعِيْماً لَا يَنْفَدُ، وَأَسْأَلُكَ قُرَّةَ عَيْنٍ لَا تَنْقَطِعُ، وَأَسْأَلُكَ الرِّضَا بَعْدَ الْقَضَاءِ، وَأَسْأَلُكَ بَرْدَ الْعَيْشِ بَعْدَ الْمَوْتِ، وَأَسْأَلُكَ لَذَّةَ النَّظَرِ إِلَى وَجْهِكَ وَالشَّوْقَ إِلَى لِقَائِكَ فِي غَيْرِ ضَرَّاءَ مَضِرَّةٍ وَلَا فِتْنَةٍ مُضِلَّةٍ، اللَّهُمَّ زَيِّنَّا بِزِينَةِ الْإِيْمَانِ وَاجْعَلْنَا هُدَاةً مُهْتَدِيْنَ

"Allahumme bi'ilmike-l-gajbe ve kudretike 'ale-l-halki ahjini ma 'alimte-l-hajate hajren li ve teveffeni iza 'alimte-l-vefate hajren li. Allahumme inni es eluke hašjeteke fi-l-gajbi ve-š-šehadeti, ve es eluke kelimete-l-hakki fi-r-rida ve-l-gadabi, ve es'eluke kasde fi-l-gina ve-l-fakri, ve es eluke ne' imen la jenfedu, ve es eluke kurrete 'ajnin la tenkati'u, ve es eluke-r-rida ba' de-l-kada i, ve es'eluke berde-l-ajši ba' de-l-mevti, ve es'eluke lezzete-n-nezari ila vedžhike ve-š-ševka ila lika ike fi gajri darra e mudiretin ve la fitnetin mudilletin, Allahumme zejjinna bi zineti-l-imani ve-dž' alna hudaten muhtedine"

- Allahu, tako Ti Tvoga poznavanja skrivenog svijeta i Tvoje moći nad stvorenim - poživi me tako da život bude dobro po mene, a usmrti me, ako znaš da je moja smrt dobro za mene. Allahu, molim Ti se za moje strahopoštovanje prema Tebi o pitanju skrivenog svijeta i svijeta posvjedočenog. Molim Ti se za riječ Istine u zadovoljstvu i srdžbi, i molim Te za umjerenost u

izobilju i siromaštvu. Molim Ti se za neiscrpno blagostanje. Allahu, molim Ti se za radost kojoj kraja nema, i molim Ti se za zadovoljstvo Tvoje nakon presude Tvoje, i za odmor od života nakon smrtnog časa. Molim Te za užitke gledanja u Lice Tvoje, za neutoljivu žeđ susreta s Tobom, koji mi neće nesreću prirediti niti gubitak, a niti fitneluk zablude. Allahu, uljepšaj nas odjećom imana i učini nas uputiteljima i upućenim.

Dova 8 – Dova za oprost od grijeha
(Obično se uči nakon posljednjeg sjedenja u namazu, a prije predavanja selama)

اللَّهُمَّ إِنِّي أَسْأَلُكَ يَا اللهُ بِأَنَّكَ الْوَاحِدُ الْأَحَدُ الصَّمَدُ الَّذِيْ لَمْ يَلِدْ وَلَمْ يُوْلَدْ وَلَمْ يَكُنْ لَهُ كُفُواً أَحَدٌ، أَنْ تَغْفِرَ لِيْ ذُنُوْبِيْ إِنَّكَ أَنْتَ الْغَفُوْرُ الرَّحِيْمُ

"Allahumme inni es eluke, ja Allahu, bi enneke-l-Vahidu-l-Ehadu-s-Samedu-l-lezi lem jelid ve lem juled ve lem jekun lehu kufu ven ehad, en tagfire li zunubi, inneke Ente-l- Gafuru-r-Rahim"

Allahu, doista, molim Ti se, o Allahu, jer Ti si Jedan Jedini, Utočište svakom, Koji nije rodio i rođen nije, i Kome niko ravan nije - da mi oprostiš grijehe moje, jer si, doista, Ti Oprostitelj Milostivi.

Dova 9 – Dova kojom se traži Džennet i zaštita od vatre
(Obično se uči nakon posljednjeg sjedenja u namazu, a prije predavanja selama)

اللَّهُمَّ إِنِّي أَسْأَلُكَ بِأَنَّ لَكَ الْحَمْدُ لاَ إِلَهَ إِلاَّ أَنْتَ وَحْدَكَ لاَ شَرِيكَ لَكَ، الْمَنَّانُ، يَا بَدِيعَ السَّمَوَاتِ وَالأَرْضِ يَا ذَا الْجَلاَلِ وَالإِكْرَامِ، يَا حَيُّ يَا قَيُّومُ، إِنِّي أَسْأَلُكَ الْجَنَّةَ وَأَعُوذُ بِكَ مِنَ النَّارِ

"Allahumme inni es eluke bi enne leke-l-hamdu la ilahe ila Ente vahdeke la šerike leke, El-Mennanu, ja Bedi'a-s-semavati ve-l-erdi, ja ze-l-dželali ve-l-ikrami, ja Hajju ja Kajjumu inni es eluke-l-džennete ve e'uzu bike mine-n-nari"

Allahu, doista Ti se molim, Tebi, Kome pripada svaka hvala, osim Koga drugog boga nema, Koji jesi sam opstojeći, Koji druga nemaš. Darežljivi, sazdavatelju nebesa i Zemlje, Posjedovatelju veličine i plemenitosti, Živi, Održavatelju, molim Te Džennet mi podari, a od vatre me zakloni!

Dova 10 – Dova nakon predavanja selama u namazu

لاَ إِلَهَ إِلاَّ اللهُ وَحْدَهُ لاَ شَرِيْكَ لَهُ، لَهُ الْمُلْكُ وَلَهُ الْحَمْدُ وَهُوَ عَلَى كُلِّ شَيْءٍ قَدِيْرٌ، اللَّهُمَّ لاَ مَانِعَ لِمَا أَعْطَيْتَ، وَلاَ مُعْطِيَ لِمَا مَنَعْتَ، وَلاَ يَنْفَعُ ذَا الْجَدِّ مِنْكَ الْجَدُّ

"La ilahe ille-l-Lahu vahdehu la šerike lehu, lehu-l-mulku velehu-l-hamdu ve Huve ala kulli šej in kadir. Allahumme la mani' a lima e'atajte ve la mu' tije lima mena' te, ve la jenfe' u ze-l-džeddi minke-l-džeddu"

Nema boga osim Allaha Jedinoga, Koji druga nema. Njemu pripada sva vlast i On nad svakom stvari ima moć. Allahu, niko ne može spriječiti ono što si Ti dao, a niti dati ono što Ti ne daješ. Nikome ne koristi njegova snaga pored Tvoje snage.

Dova 11 - Dova nakon predavanja selama u namazu

لاَ إِلَهَ إِلاَّ اللهُ وَحْدَهُ لاَ شَرِيْكَ لَهُ، لَهُ الْمُلْكُ، وَلَهُ الْحَمْدُ وَهُوَ عَلَى كُلِّ شَيْءٍ قَدِيْرٌ. لاَ حَوْلَ وَلاَ قُوَّةَ إِلاَّ بِاللهِ، لاَ إِلَهَ إِلاَّ اللهُ، وَلاَ نَعْبُدُ إِلاَّ إِيَّاهُ، لَهُ النِّعْمَةُ وَلَهُ الْفَضْلُ وَلَهُ الثَّنَاءُ الْحَسَنُ، لاَ إِلَهَ إِلاَّ اللهُ مُخْلِصِيْنَ لَهُ الدِّيْنَ وَلَوْ كَرِهَ الْكَافِرُوْنَ

"La ilahe ille-l-Lahu vahdehu la šerike lehu, lehu-l-mulku ve lehul- hamdu ve huve' ala kulli šej in kadir la havle ve la kuvvete illa bi-l-Lahi; la ilahe ille-l-Lahu, ve la na' budu illa ijjahu, lehu-n-ni' metu ve lehu-l-fadlu ve lehu-s-senau-l-hasenu. La ilahe ille-l-Laahu muhlisine lehu-d-dine ve lev keri-he-l-kafirun"

Nema boga osim Allaha Jedinoga, Koji druga nema. Njemu pripada sva vlast i sva zahvalnost. On nad svačim ima moć. Nema pomoći niti moći nad Allahovom pomoći i moći. Nema Boga osim Allaha i nikoga mimo Njega ne obožavamo. Njemu pripada blagodat, poštovanje i sjećanje. Nema boga osim Allaha. Njemu iskreno vjeru ispovijedamo, makar se bezbožnicima i ne dopadalo.

Dova 12 - Dova koja se uči u Istihara namazu

اللَّهُمَّ إِنِّي أَسْتَخِيرُكَ بِعِلْمِكَ،
وَأَسْتَقْدِرُكَ بِقُدْرَتِكَ، وَأَسْأَلُكَ مِنْ فَضْلِكَ الْعَظِيمِ، فَإِنَّكَ تَقْدِرُ وَلاَ أَقْدِرُ،
وَتَعْلَمُ وَلاَ أَعْلَمُ، وَأَنْتَ عَلاَّمُ الْغُيُوبِ، اللَّهُمَّ إِنْ كُنْتَ تَعْلَمُ أَنَّ هَذَا الأَمْرَ ـ
ـ وَيُسَمِّي حَاجَتَهُ ـ خَيْرٌ لِي فِي دِينِي وَمَعَاشِي وَعَاقِبَةِ أَمْرِي ـ أَوْ قَالَ: عَاجِلِهِ
وَآجِلِهِ ـ فَاقْدِرْهُ لِي وَيَسِّرْهُ لِي ثُمَّ بَارِكْ لِي فِيهِ، وَإِنْ كُنْتَ تَعْلَمُ أَنَّ هَذَا الأَمْرَ
شَرٌّ لِي فِي دِينِي وَمَعَاشِي وَعَاقِبَةِ أَمْرِي ـ أَوْ قَالَ: عَاجِلِهِ وَآجِلِهِ ـ فَاصْرِفْهُ
عَنِّي وَاصْرِفْنِي عَنْهُ وَاقْدِرْ لِي الْخَيْرَ حَيْثُ كَانَ، ثُمَّ أَرْضِنِي بِهِ

"Allahumme inni estehiruke bi 'ilmike, ve estakdiruke bi kudretike ve es'eluke min fadlike-l-'azimi, fe inneke takdiru ve la akdiru, ve t'aleme la e'alemu, ve Ente ' Allamu-l-gujubi. Allahumme in kunte t'alemu enne haze-l-emre (imenovati o čemu se radi) hajrun li fi dini ve ma' aši ve 'akibeti emri, fa-kdirhu li ve jessirhu li, summe barik li fihi, ve in kunte ta' lemu enne haze-l-emre šerrun li fi dini ve me' aši ve akibeti emri, fa-srifhu anni, va-srifni anhu va-kdir lije-l-hajre hajsu kane, summe-rdini bihi"

Prenosi Džabir, sin Abdullahov, r.a., slijedeće: "Allahov Poslanik, sallallahu `alejhi we sellem , poučavao nas je istihari - namazu za svaku priliku, kao što nas je poučavao suretima iz Kur'ana: Ako vas pritisnu kakve brige, klanjajte dva rekata istihare / neobaveznog namaza/ zatim proučite ovu dovu: Allahu, Tebe pitam za odgovor (rješenje) pomoću Tvog znanja, i od Tebe pomoć tražim pomoću Tvoje pomoći; Molim Te za Tvoju veliku dobrotu, jer Ti to možeš, a ja ne mogu, i jer Ti to znaš, a ja ne znam. Ti si Jedini znalac tajnog. Allahu, (ako je u Tvom znanju) ovo dobro po mene, moju vjeru i moj život, i moju smrt

(imenovati o čemu se radi), ili reći: za ono što ću odmah ili kasnije doživjeti, omogući da se dogodi, i olakšaj mi, zatim me blagoslovi tim. A ako će u ovome (djelu, događaju) biti zlo po mene, vjeru moju, i život i smrt moju, otkloni ga od mene i mene sačuvaj od njega. Učini mi u tome dobro po mene - kako god da bude, zatim me učini zadovoljnim s tim."

Dova 13 – Dova koja se uči jutrom i večeri

اللَّهُمَّ أَنْتَ رَبِّي لاَ إِلَهَ إِلاَّ أَنْتَ، خَلَقْتَنِي وَأَنَا عَبْدُكَ، وَأَنَا عَلَى عَهْدِكَ وَوَعْدِكَ مَا اسْتَطَعْتُ، أَعُوذُ بِكَ مِنْ شَرِّ مَا صَنَعْتُ، أَبُوءُ لَكَ بِنِعْمَتِكَ عَلَيَّ، وَأَبُوءُ بِذَنْبِي فَاغْفِرْ لِي فَإِنَّهُ لاَ يَغْفِرُ الذُّنُوبَ إِلاَّ أَنْتَ

"Allahumme Ente Rabbi, la ilahe illa Ente, halakteni ve ene 'abduke ve, ene 'ala ahdike ve va' dike mesteta' tu e'uzu bike min šerri ma sana' tu, ebu'u leke bi ni' metike 'alejje, ve ebu'u bi zenbi, fagfir li, fe innehu la jagfiru-z-zunube illa Ente"

Allahu, Ti si Gospodar moj, nema boga osim Tebe, stvorio si me i ja sam rob Tvoj, ja sam na tragu zavjeta Tebi datog, i obećanja Tvog u granicama svojim. Tebi se sklanjam pred zlom koje sam počinio, Tebi se vraćam s pomoću blagodati Tvoje prema meni, Tebi priznajem grijehe svoje. Stoga, oprosti mi, jer osim Tebe niko drugi grijehe ne oprašta.

Dova 14 - Dova koja se uči jutrom i večeri

حَسْبِيَ اللهُ لاَ إِلَهَ إِلاَّ هُوَ عَلَيْهِ تَوَكَّلْتُ وَهُوَ رَبُّ الْعَرْشِ الْعَظِيمِ

"Hasbije-l-Lahu la ilahe illa Huve. 'Alejhi tevekkeltu
ve Huve Rabbu-l-'arši-l-'azim" (7x)

**Allah mi je sam dostatan, nema boga osim Njega.
Na Njega se oslanjam, i On je Gospodar Arša višnjeg
(uči se 7 puta jutrom i navečer).**

Dova 15 - Dova koja se uči jutrom i večeri

اللَّهُمَّ إِنِّي أَسْأَلُكَ الْعَفْوَ وَالْعَافِيَةَ فِي الدُّنْيَا وَالآخِرَةِ، اللَّهُمَّ إِنِّي
أَسْأَلُكَ الْعَفْوَ وَالْعَافِيَةَ فِي دِينِي وَدُنْيَايَ، وَأَهْلِي، وَمَالِي، اللَّهُمَّ اسْتُرْ عَوْرَاتِي،
وَآمِنْ رَوْعَاتِي، اللَّهُمَّ احْفَظْنِي مِنْ بَيْنِ يَدَيَّ، وَمِنْ خَلْفِي، وَعَنْ يَمِينِي،
وَعَنْ شِمَالِي، وَمِنْ فَوْقِي، وَأَعُوذُ بِعَظَمَتِكَ أَنْ أُغْتَالَ مِنْ تَحْتِي

"Allahumme inni es eluke-l-'afve ve-l-'afijete fi-d-dunja
ve-l-ahireti. Allahumme inni es'eluke-l-'afve ve-l-'afijete fi
dini ve dunjaje ve ehli ve mali. Allahumme-stur 'avrati
veamin rev'ati. Allahumme-hfazni min bejni jedejje ve
min halfi ve 'an jemini ve 'an šimali ve minfevki
ve e'uzu bi azametike en ugtale min tahti"

**Allahu, molim oprost i zaštitu Tvoju na dunjaluku i na
ahiretu. Allahu, molim oprost i zaštitu Tvoju u porodici
i imovini mojoj. Allahu, pokrij moja sramna djela, a
umiri moju bojazan. Allahu, sačuvaj me s moje prednje
strane, te od svega što me može zadesiti s leđa, s desne
ili lijeve strane i odozgo. Prizivam Tvoju Veličinu da ne
budem ščepan odozdo.**

Dova 16 - Dova koja se uči jutrom i večeri

اللَّهُمَّ عَالِمَ الْغَيْبِ وَالشَّهَادَةِ فَاطِرَ السَّمَوَاتِ وَالْأَرْضِ، رَبَّ كُلِّ شَيْءٍ وَمَلِيكَهُ، أَشْهَدُ أَنْ لاَ إِلَهَ إِلاَّ أَنْتَ، أَعُوذُ بِكَ مِنْ شَرِّ نَفْسِي، وَمِنْ شَرِّ الشَّيْطَانِ وَشِرْكِهِ، وَأَنْ أَقْتَرِفَ عَلَى نَفْسِي سُوءاً، أَوْ أَجُرَّهُ إِلَى مُسْلِمٍ

"Allahumme Alime-l-gajbi ve-š-šehadeti, Fatire-s-semavati ve-l-erdi, Rabbe kulli šej in ve melikehu: Ešhedu en la ilahe illa Ente, e'uzu bike min šerri nefsi ve min šeri-š-šejtani ve širkihi, ve en akterife 'ala nefsi suen ev edžurrehu ala muslimin"

Allahu, Poznavaoče skrivenog i pojavnog (svijeta), Sazdavatelju nebesa i Zemlje, Gospodaru svega i njegov Posjedovatelju: svjedočim da nema boga osim Tebe, Tebi se sklanjam pred zlom moje duše, i pred zlom šejtana i njegovog širka, te da me sačuvaš od činjenja zla prema sebi ili bilo kom muslimanu.

Dova 17 - Dova koja se uči jutrom i večeri

بِسْمِ الله الَّذِي لاَ يَضُرُّ مَعَ اسْمِهِ شَيْءٌ فِي الْأَرْضِ وَلاَ فِي السَّمَاءِ وَهُوَ السَّمِيعُ الْعَلِيمُ

"Bismi-l-Lahi-l-lezi la jedurru me' a-smihi šej'un fi-l-erdi ve la fi-s-sema i ve Huve-s-Semi ' u-l-'Alim" (3x)

S imenom Allaha; kad se Njegovo ime spomene, nikakvo zlo na Zemlji i na nebesima ne može se počiniti (3x).

Dova 18 - Dova koja se uči jutrom i večeri

رَضِيْتُ بِالله رَبًّا، وَبِالْإِسْلَامِ دِيْنًا، وَبِمُحَمَّدٍ ﷺ نَبِيًّا وَرَسُوْلاً.

"Raditu bi-l-Lahi Rabben ve bi-l-islami dinen ve bi Muhammedin nebijen, salla-l-Lahu alejhi ve selleme" (3x)

Zadovoljan sam da mi je Allah Gospodar, vjera islam, Muhammed, a.s., vjerovjesnik (3x).

Dova 19 - Dova koja se uči jutrom i večeri

يَا حَيُّ يَا قَيُّوْمُ بِرَحْمَتِكَ أَسْتَغِيْثُ أَصْلِحْ لِي شَأْنِي كُلَّهُ وَلاَ تَكِلْنِيْ إِلَى نَفْسِيْ طَرْفَةَ عَيْنٍ

"Ja Hajju ja Kajjumu bi rahmetike estegisu, aslih li še'ni kullehu ve la tekilni illa nefsi tarfete ajnin"

O Ti Živi, Postojani, molim Te za obilatu milost Tvoju - popravi stanje moje svako i ne prepusti me sebi samom ni jednog trena!

Dova 20 - Dova pred odlazak na spavanje

اللَّهُمَّ رَبَّ السَّمَوَاتِ السَّبْعِ وَرَبَّ الْعَرْشِ الْعَظِيمِ، رَبَّنَا وَرَبَّ كُلِّ شَيْءٍ، فَالِقَ الْحَبِّ وَالنَّوَى، وَمُنْزِلَ التَّوْرَاةِ وَالْإِنْجِيلِ وَالْفُرْقَانِ، أَعُوذُ بِكَ مِنْ شَرِّ كُلِّ شَيْءٍ أَنْتَ آخِذٌ بِنَاصِيَتِهِ. اللَّهُمَّ أَنْتَ الْأَوَّلُ فَلَيْسَ قَبْلَكَ شَيْءٌ، وَأَنْتَ الْآخِرُ فَلَيْسَ بَعْدَكَ شَيْءٌ، وَأَنْتَ الظَّاهِرُ فَلَيْسَ فَوْقَكَ شَيْءٌ، وَأَنْتَ الْبَاطِنُ فَلَيْسَ دُونَكَ شَيْءٌ، اقْضِ عَنَّا الدَّيْنَ وَأَغْنِنَا مِنَ الْفَقْرِ

"Allahumme Rabbe-s-semavati-s-seb'i ve Rabbe-l-arši-l-azimi, Rabbena ve Rabbe kulli šej'in, Falika-l-habbi ve-n-nava ve Munezzile- t-Tevrati ve-l-Indžili ve-l-Furkani: E'uzu bike min šerri kulli šej'in, Ente ahizun bi nasijetihi, Allahumme Ente-l-Evvelu fe lejse kableke šej'un, ve Ente-l-Ahiru fe lejse ba'deke šej'un, ve Ente-z-Zahiru fe lejse fevkake šej'un, ve Ente-l-Batinu fe lejse duneke šej'un, ikdi anne-d-dejne ve agnina mine-l-fakri"

Allahu , Gospodaru sedam nebesa i Prijestolja velikog, Gospodaru naš i svega što postoji, Ti Koji daješ da zrnevlje i koštice proklijaju, Objavitelju Tevrata, Indžila i Furkana (Kur'ana) - Tebi se sklanjam pred zlom svačijim, Ti si Taj Koji svim upravljaš, Allahu moj, Ti si Prvi, i prije Tebe nije bilo ništa, Ti si Posljednji, i poslije Tebe neće biti ničeg,Ti si Vidljivi, i iznad Tebe ne postoji ništa, Ti si Skriveni, i bez Tebe ništa ne postoji, oslobodi nas duga i učini nas neovisnim o siromaštvu!

Dova 21 - Dova pred odlazak na spavanje

اللَّهُمَّ عَالِمَ الْغَيْبِ وَالشَّهَادَةِ فَاطِرَ السَّمَوَاتِ وَالْأَرْضِ، رَبَّ كُلِّ شَيْءٍ وَمَلِيكَهِ، أَشْهَدُ أَنْ لاَ إِلَهَ إِلاَّ أَنْتَ، أَعُوذُ بِكَ مِنْ شَرِّ نَفْسِي، وَمِنْ شَرِّ الشَّيْطَانِ وَشِرْكِهِ، وَأَنْ أَقْتَرِفَ عَلَى نَفْسِي سُوءاً، أَوْ أَجُرَّهُ إِلَى مُسْلِمٍ

"Allahumme' Alime-l-gajbi ve-š-šehadeti, Fatire- s-semavati ve-l-erdi, Rabbe kulli šej'in ve melikehu, ešhedu en la ilahe illa Ente. E'uzu bike min šerri nefsi ve min šerri-š-šejtani ve širkihi ve en akterife 'ala nefsi suen ev edžurrehu ila muslimin"

Allahu, Poznavaoče skrivenog i pojavnog, Stvaratelju nebesa i Zemlje, Gospodaru svega i njegov Posjedovatelju, svjedočim da nema boga osim Tebe. Tebi se sklanjam pred zlom duše moje i pred zlom šejtana i njegova mnogoboštva, da sebi učinim zlo ili da u zlo uvučem bilo kog muslimana.

Dova 22 - Dova pred odlazak na spavanje

اللَّهُمَّ أَسْلَمْتُ نَفْسِي إِلَيْكَ، وَفَوَّضْتُ أَمْرِي إِلَيْكَ، وَوَجَّهْتُ وَجْهِي إِلَيْكَ، وَأَلْجَأْتُ ظَهْرِي إِلَيْكَ، رَغْبَةً وَرَهْبَةً إِلَيْكَ لاَ مَلْجَأَ وَلاَ مَنْجَا مِنْكَ إِلاَّ إِلَيْكَ. آمَنْتُ بِكِتَابِكَ الَّذِي أَنْزَلْتَ وَبِنَبِيِّكَ الَّذِي أَرْسَلْتَ

Kada se odlučiš ići u postelju, prethodno se abdesti poput abdesta za namaz, potom lezi na desni bok i prouči dovu:

"Allahumme eslemtu nefsi ilejke ve fevvadtu emri ilejke ve vedždžhtu vedžhi ilejke ve eldže tu zahri ilejke ragbeten ve rehbeten ilejke, la meldžee ve la mendža minke illa ilejke. Amentu bi Kitabike-l-lezi enzelte ve bi Nebijjike-l-lezi erselte"

Allahu, Tebi predadoh dušu svoju, i oporučih stanje svoje, i upravih lice svoje, i prepustih (sklonih) leđa svoja iz želje i straha, jer nema skloništa ni spasilišta pred Tobom osim kod Tebe. Vjerujem u Tvoju Knjigu, koju si spustio, i u Tvoga Vjerovjesnika, koga si poslao. (Pa ako umreš, umrijet ćeš u vjeri islamu.)

23 - Dova protiv (doživljaja) nemira i straha u snu, te ako je neko pogođen osjećajem tuge

أَعُوذُ بِكَلِمَاتِ اللهِ التَّامَّاتِ مِنْ غَضَبِهِ وَعِقَابِهِ، وَشَرِّ عِبَادِهِ، وَمِنْ هَمَزَاتِ الشَّيَاطِيْنِ وَأَنْ يَحْضُرُوْنِ

"E'uzu bi kelimati-l-Lahi-t-tammati min gada-bihi ve 'ikabihi ve šerri 'ibadihi ve min hemezati-š-šejatini ve en jahdurun"

Zaštitu tražim pomoću Allahovih savršenih Riječi pred srdžbom Njegovom i kaznom Njegovom, protiv zla robova Njegovih, te protiv šejtanskih nagovaranja na zlo i njihova prisustva.

24 - Kunut - dove (na vitr-namazu)

اللَّهُمَّ اهْدِنِيْ فِيْمَنْ هَدَيْتَ، وَعَافِنِيْ فِيْمَنْ عَافَيْتَ، وَتَوَلَّنِيْ فِيْمَنْ تَوَلَّيْتَ، وَبَارِكْ لِيْ فِيْمَا أَعْطَيْتَ، وَقِنِيْ شَرَّ مَا قَضَيْتَ، فَإِنَّكَ تَقْضِيْ وَلاَ يُقْضَى عَلَيْكَ، إِنَّهُ لاَ يَذِلُّ مَنْ وَالَيْتَ [وَلاَ يَعِزُّ مَنْ عَادَيْتَ]، تَبَارَكْتَ رَبَّنَا وَتَعَالَيْتَ

"Allahumme-hdini fimen hedejte, ve 'afini fimen 'alejte, ve tevelleni fimen tevellejte, ve barik li fima e'atajte, ve kini šerre ma kadajte fe inneke takdi ve la jukda 'alejke, innehu la jezillu men valejte (ve la je 'izzu men 'adejte) tebarekte Rabbena ve te' alejte"

Allahu, uputi me među one koje si već uputio, oprosti mi s onima kojima si već oprostio, preuzmi odgovornost nada mnom s onima nad kojima si već preuzeo, sačuvaj me od zla odluka koje si već donio, jer Ti propisuješ stvari, a ne obratno, ne uzdiže se onaj koga si Ti već odbacio. Blagoslovljen si, Gospodaru naš, i Uzvišen.

Dova 25 - Dova koja se uči na sedždi

اللَّهُمَّ إِنِّي أَعُوذُ بِرِضَاكَ مِنْ سَخَطِكَ، وَبِمُعَافَاتِكَ مِنْ عُقُوبَتِكَ، وَأَعُوذُ بِكَ مِنْكَ، لاَ أُحْصِي ثَنَاءً عَلَيْكَ، أَنْتَ كَمَا أَثْنَيْتَ عَلَى نَفْسِكَ

."Allahumme Inni e'uzu bi ridake min sehatike ve bi mu' afatike min' ukubetike, ve e'uzu bike minke, la uhsi senaen alejke, Ente kema esnejte 'ala nefsike"

Allahu, sklanjam se pod zadovoljstvo Tvoje pred srdžbom Tvojom, pod oproštaj Tvoj pred kaznom Tvojom, zaštitu tražim od Tebe pred Tobom, jer ja ne mogu obujmiti granice hvale i pouzdanja u Tebe. Ti si onakav kako si o Sebi (pohvalno) rekao.

Dova 26 - Kunut Dova Druga

اللَّهُمَّ إِيَّاكَ نَعْبُدُ، وَلَكَ نُصَلِّي وَنَسْجُدُ، وَإِلَيْكَ نَسْعَى وَنَحْفِدُ، نَرْجُو رَحْمَتَكَ، وَنَخْشَى عَذَابَكَ، إِنَّ عَذَابَكَ بِالْكَافِرِينَ مُلْحَقٌ، اللَّهُمَّ إِنَّا نَسْتَعِينُكَ، وَنَسْتَغْفِرُكَ، وَنُثْنِي عَلَيْكَ الْخَيْرَ، وَلَا نَكْفُرُكَ، وَنُؤْمِنُ بِكَ، وَنَخْضَعُ لَكَ، وَنَخْلَعُ مَنْ يَكْفُرُكَ

"Allahumme ijjake na' budu ve leke nusalli ve nesdžudu ve ilejke nes' a ve nahfidu, nerdžu rahmeteke ve nahša 'azabeke. Inne 'azabeke bil-kafirine mulhik. Allahumme Inna neste' Inuke ve nestagfiruke ve nusni alejke-l-hajre ve la nekfuruke ve nu'minu bike ve nahda' u leke ve nahle' u men jekfuruke"

Allahu, Tebe obožavamo i Tebi molitvu obavljamo, Tebi sedždu činimo i Tebi hitamo, Tebi, Tebi služimo i Tvojoj se milosti nadamo, Tvoje se kazne plašimo. Tvoja kazna, doista, bezbožnike sustiže. Allahu, mi uistinu, pomoć od Tebe tražimo, i oprost od Tebe molimo, i na dobru Tebi zahvaljujemo. Ne poričemo Te, nego vjerujemo u Tebe. Tebi se pokoravamo i odričemo se onih koji Tebe ne vjeruju.

Dova 27 - Dova protiv zabrinutosti i žalosti

اللَّهُمَّ إِنِّي عَبْدُكَ، ابْنُ عَبْدِكَ، ابْنُ أَمَتِكَ، نَاصِيَتِي بِيَدِكَ، مَاضٍ فِيَّ حُكْمُكَ، عَدْلٌ فِيَّ قَضَاؤُكَ، أَسْأَلُكَ بِكُلِّ اسْمٍ هُوَ لَكَ، سَمَّيْتَ بِهِ نَفْسَكَ، أَوْ أَنْزَلْتَهُ فِي كِتَابِكَ، أَوْ عَلَّمْتَهُ أَحَداً مِنْ خَلْقِكَ، أَوِ اسْتَأْثَرْتَ بِهِ فِي عِلْمِ الْغَيْبِ عِنْدَكَ، أَنْ تَجْعَلَ الْقُرْآنَ رَبِيعَ قَلْبِي، وَنُورَ صَدْرِي، وَجَلاَءَ حُزْنِي، وَذَهَابَ هَمِّي

"Allahumme inni 'abduke-ibnu 'abdike-ibnu emetike, nasijeti bi jedike, madin fijje hukmuke, 'adlun fijje kada uke, es eluke bi kulli ismin huve leke semmejte bihi nefseke ev enzeltehu fi Kitabike ev 'allemtehu ehaden min halkike ev iste serte bihi fi-l-'ilmi-l-gajbi indeke, en tedž 'ale-l-Kur'ane rebi'a kalbi ve nure sadri ve džela e huzni ve zehabe hemmi"

Allahu, ja sam, doista, rob Tvoj, sin roba Tvoga, sin robinje Tvoje. Moj položaj je u Tvojoj ruci, ja sam podložan i nadamnom se sprovode propisi, pravičnost po mene je odluka Tvoja, zato, prizivam Te svim Tvojim imenima kojima si Sebe ili ih u Svojoj Knjizi objavio ili ih nekom od Tvojih bića saopćio, ili ih, pak, zadržao kod Sebe kao znanje nedokučivog, prizivam Te da mi Kur'an učiniš proljećem srca mog, svjetlo, svjetlom grudi mojih, razbistrenjem tuge moje i odhodom briga mojih.

28 - Dova protiv zabrinutosti, škrtosti i duga

اللَّهُمَّ إِنِّي أَعُوذُ بِكَ مِنَ الْهَمِّ وَالْحَزَنِ، وَالْعَجْزِ وَالْكَسَلِ، وَالْبُخْلِ وَالْجُبْنِ، وَضَلَعِ الدَّيْنِ وَغَلَبَةِ الرِّجَالِ

"Allahumme inni euzu bike mine-l-hemmi ve-i-huzni ve-l-'adžzi ve-l-keseli ve-l-buhli ve-l-džubni ve dal i-d-dejni ve galebeti-r-ridžali"

Allahu, zaštitu od Tebe tražim od brige i žalosti, od iznemoglosti i ljenosti, škrtosti i uspaničenosti, te pred teretom dugovanja i ljudske nadmoći.

---

29 - Dova protiv tuge i potištenosti

لاَ إِلَهَ إِلاَّ اللهُ الْعَظِيمُ الْحَلِيمُ، لاَ إِلَهَ إِلاَّ اللهُ رَبُّ الْعَرْشِ الْعَظِيمِ، لاَ إِلَهَ إِلاَّ اللهُ رَبُّ السَّمَوَاتِ وَرَبُّ الْأَرْضِ وَرَبُّ الْعَرْشِ الْكَرِيمُ

"La ilahe ille-l-Lahu-l-azimu-l-halimu, la ilahe ille-l-Lahu Rabbu-l-Arši-l-azimi, la ilahe ille-l-Lahu Rabbu-s-Semavati ve Rabbu-l-Erdi ve Rabbu-l-Arši-l-kerim"

Nema boga osim Allaha, Velikog i Blagog. Nema boga osim Allaha, Gospodara Prijestolja velikog. Nema boga osim Allaha, Gospodara Nebesa i Gospodara Zemlje, Gospodara Prijestolja milostivog.

Dova 30 - Dova protiv zabrinutosti i žalosti

اللَّهُمَّ رَحْمَتَكَ أَرْجُو فَلاَ تَكِلْنِي إِلَى نَفْسِي طَرْفَةَ عَيْنٍ، وَأَصْلِحْ لِيْ شَأْنِيْ كُلَّهُ، لاَ إِلَهَ إِلاَّ أَنْتَ

"Allahumme rahmeteke erdžu fe la tekilni ila nefsi tarfete' ajnin ve aslih li še' ni kullehu, la ilahe illa Ente"

Allahu, za milost Tvoju molim, I zato ne prepusti me samom sebi ni jednog trenutka. Udobri mi cijelo moje stanje. Nema boga osim Tebe.

---

31 - Dova - uče se pri susretu sa neprijateljem ili s onim koji ima vlast

اللَّهُمَّ إِنَّا نَجْعَلُكَ فِي نُحُورِهِمْ وَنَعُوْذُ بِكَ مِنْ شُرُوْرِهِمْ

"Allahumme inna nedž' aluke fi nuhurihim ve ne' uzu bike min šururihim"

Allahu, molimo Te da njihove spletke na njih usmjeriš i kod Tebe se sklanjamo pred njihovim zlima.

Dova 32 - Dova pri susretu sa neprijateljem ili sa onim ko ima vlast

اللَّهُمَّ أَنْتَ عَضُدِيْ، وَأَنْتَ نَصِيرِيْ، بِكَ أَجُوْلُ، وَبِكَ أَصُوْلُ، وَبِكَ أُقَاتِلُ

"Allahumme, Ente 'adudi ve Ente nesiri, bike edžulu ve bike esulu ve bike ukatilu"

Allahu, Ti si Onaj od Koga snagu uzimam i pomagač moj. Pomoću Tvojom sam vođen, Tvojom pomoći pobjeđujem i Tvojom pomoći borim se.

33 - Dženazetske dove

اللَّهُمَّ اغْفِرْ لَهُ وَارْحَمْهُ، وَعَافِهِ، وَاعْفُ عَنْهُ، وَأَكْرِمْ نُزُلَهُ، وَوَسِّعْ مُدْخَلَهُ، وَاغْسِلْهُ بِالْمَاءِ وَالثَّلْجِ وَالْبَرَدِ، وَنَقِّهِ مِنَ الْخَطَايَا كَمَا نَقَّيْتَ الثَّوْبَ الْأَبْيَضَ مِنَ الدَّنَسِ، وَأَبْدِلْهُ دَاراً خَيْراً مِنْ دَارِهِ، وَأَهْلاً خَيْراً مِنْ أَهْلِهِ، وَزَوْجاً خَيْراً مِنْ زَوْجِهِ، وَأَدْخِلْهُ الْجَنَّةَ، وَأَعِذْهُ مِنْ عَذَابِ الْقَبْرِ [وَعَذَابِ النَّارِ]».

"Allahumma-gfir lehu ve-rhamhu ve' afihi va'fu 'anhu ve ekrim nuzulehu ve vessi' mudhalehu vagsilhu bi-l-mai ve-s-seldži ve-l-berdi ve nekkihi mine-l-hataja kema nekkajt e-s-sevbe-l-ebjeda mine-d-denisi ve ebdilhu daren hajren min darihi ve ehlen hajren min ehlihi ve zevdžen hajren min zevdžihi ve edhilhu-l-džennete ve e'izhu min 'azabi-l-kabri (ve azabi-n-nari)"

Allahu, oprosti mu i smiluj se, grijehe mu pobriši i sačuvaj ga, počasnim ga mjestom blagodari i širokim učini ulazak u kabur, očisti ga vodom, snijegom i hladnim zrakom, očisti ga od grijeha kao što bijelu odjeću čistiš od prljavštine! Udijeli mu kuću (ahiretsku) bolju od njegove dunjalučke i drugu bolju od njegove dunjalučke! U Džennet ga uvedi i zaštiti ga kazne zagrobne (i od vatre džehenemske)!

Dova 34 - Džennazetska dova druga

اللَّهُمَّ اغْفِرْ لِحَيِّنَا وَمَيِّتِنَا، وَشَاهِدِنَا، وَغَائِبِنَا وَصَغِيرِنَا وَكَبِيرِنَا، وَذَكَرِنَا وَأُنْثَانَا. اللَّهُمَّ مَنْ أَحْيَيْتَهُ مِنَّا فَأَحْيِهِ عَلَى الْإِسْلَامِ، وَمَنْ تَوَفَّيْتَهُ مِنَّا فَتَوَفَّهُ عَلَى الْإِيمَانِ، اللَّهُمَّ لَا تَحْرِمْنَا أَجْرَهُ وَلَا تُضِلَّنَا بَعْدَهُ

"Allahumma-gfir li hajjina ve mejjitina ve šahidina
ve gaibina ve sagirina ve kebirina ve zekerina ve unsana.
Allahumme men ahjejtehu minna fe ahjihi' ale-l-islami
ve men teveffejtehu minna fe teveffehu 'ale-l-imani.
Allahumme la tahrimna edžrehu
ve la tudilluna ba' dehu"

Allahu, oprosti našim živima i našim mrtvima, našim prisutnim i našim odsutnim, našim mlađima i našim starima, muškim i ženskim! Allahu, onoga koga poživiš među nama, učini da živi u islamu, a onoga koga na ahiret preseliš, preseli ga u imanu! Allahu, ne uskrati nas Tvojih nagrada njemu i ne skreni nas s pravoga puta poslije njega!

35 - Putna dova

اللهُ أَكْبَرُ، اللهُ أَكْبَرُ، اللهُ أَكْبَرُ ﴿سُبْحَانَ ٱلَّذِى سَخَّرَ لَنَا هَذَا وَمَا كُنَّا لَهُ مُقْرِنِينَ﴾. "اللَّهُمَّ إِنَّا نَسْأَلُكَ فِي سَفَرِنَا هَذَا الْبِرَّ وَالتَّقْوَى، وَمِنَ الْعَمَلِ مَا تَرْضَى، اللَّهُمَّ هَوِّنْ عَلَيْنَا سَفَرَنَا هَذَا وَاطْوِ عَنَّا بُعْدَهُ، اللَّهُمَّ أَنْتَ الصَّاحِبُ فِي السَّفَرِ، وَالْخَلِيفَةُ فِي الْأَهْلِ. اللَّهُمَّ إِنِّي أَعُوذُ بِكَ مِنْ وَعْثَاءِ السَّفَرِ، وَكَآبَةِ الْمَنْظَرِ، وَسُوءِ الْمُنْقَلَبِ فِي الْمَالِ وَالْأَهْلِ".

"Allahu ekber, Allahu ekber, Allahu ekber. Subhane-l-lezi sehhare lena haza ve ma kunna lehu mukrinine, ve inna ila Rabbina le munkalibun. Allahumme inna nes'eluke fi seferina haza el-birre, ve-t-takva ve mine-l-'ameli ma terda. Allahumme hevvin 'alejna seferena haza va-tvi' 'anna bu'dehu. Allahumme Ente-s-Sahibu fi-s-sefari v-l-halifetu fi-l-ehli. Allahumme inni e'uzu bike min va'sai-s-seferi ve keabeti-l-menzari ve su i-l-munkalebi fi-l-mali ve-l-ehli" - A poslije povratka bi dodao: "Ajibune, ta ibune, 'abidune, li rabbina hamidune"

Allah je najveći, Allah je najveći, Allah je najveći. Neka je slavljen Onaj Koji nam je omogućio ovo putovanje, a mi ga ne bismo bili sposobni obaviti sami. Mi se, doista, Gospodaru našem vraćamo. Allahu, molimo Te da nas prati dobro na putu našem i odanost Tebi, a od naših djela samo ona kojima si Ti zadovoljan! Allahu, olakšaj nam ovo putovanje, a razdaljinu njegovu podnošljivom! Allahu, Ti si Gospodar na putu i Čuvar u porodici, zato - zaštiti me od zamora i nesreća na putu, te tuge koja bi me mogla zadesiti zbog imovine i porodice! - A, kada se povrati kući s puta, prouči se ista dova i još doda: - Vraćamo se i trajno kajemo, Allahu svome pobožni i zahvalni!

36 - Dova - izgovara se radi odbacivanja šejtanskih pakosti

أَعُوذُ بِكَلِمَاتِ اللهِ التَّامَّاتِ الَّتِي لاَ يُجَاوِزُهُنَّ بَرٌّ وَلاَ فَاجِرٌ مِنْ شَرِّ مَا خَلَقَ، وَبَرَأَ وَذَرَأَ، وَمِنْ شَرِّ مَا يَنْزِلُ مِنَ السَّمَاءِ، وَمِنْ شَرِّ مَا يَعْرُجُ فِيهَا، وَمِنْ شَرِّ مَا ذَرَأَ فِي الْأَرْضِ، وَمِنْ شَرِّ مَا يَخْرُجُ مِنْهَا، وَمِنْ شَرِّ فِتَنِ اللَّيْلِ وَالنَّهَارِ، وَمِنْ شَرِّ كُلِّ طَارِقٍ إِلاَّ طَارِقاً يَطْرُقُ بِخَيْرٍ يَا رَحْمَنُ

"E'uzu bi kelimati-l-Lahi-t-tammati-l-leti la judžavizuhunne berrun ve la fadžirun, min šerri ma haleka ve bere e ve zere e, ve min šerri ma jenzilu mine-s-semai i ve min šerri ma ja'rudžu fiha ve min šerri ma zere e fi-l-erdi ve min šerri ma jahrudžu minha ve min šerri fiteni-l-lejli ve-n-nehari ve min šerri kulli tarikin illa tarikan jatruku bi hajrin, ja Rahmanu"

Pomoću Allahovih savršenih riječi, koje ne može prevazići niti pobožni niti razvratnik, molim zaštltu pred zlom svega što je stvorio, proizveo ni iz čega i umnožio, od zla onog što s neba silazi i što se u nebo penje, od zla onog što je po Zemlji rasuto (živa bića), što iz nje izlazi, od zla onog što noć iznjedruje i dan obdanjuje, kao i od zla noćnog putnika, osim onog koji na vrata zakuca s dobrom namjerom, o Svemilosni!

www.ingramcontent.com/pod-product-compliance
Lightning Source LLC
Chambersburg PA
CBHW061740070526
44585CB00024B/2751